毛 军◎著

财税政策
与居民消费的计量分析

Caishui Zhengce
yu Jumin Xiaofei de Jiliang Fenxi

中国财经出版传媒集团
经济科学出版社
Economic Science Press

图书在版编目（CIP）数据

财税政策与居民消费的计量分析／毛军著．—北京：
经济科学出版社，2020.1
ISBN 978 - 7 - 5218 - 1178 - 0

Ⅰ.①财… Ⅱ.①毛… Ⅲ.①财政政策 - 影响 - 居民
消费 - 经济计量分析 - 中国 ②税收政策 - 影响 - 居民
消费 - 经济计量分析 - 中国 Ⅳ.①F126.1

中国版本图书馆 CIP 数据核字（2020）第 019079 号

责任编辑：周胜婷
责任校对：隗立娜
责任印制：邱 天

财税政策与居民消费的计量分析

毛 军 著

经济科学出版社出版、发行 新华书店经销

社址：北京市海淀区阜成路甲 28 号 邮编：100142

总编部电话：010 - 88191217 发行部电话：010 - 88191522

网址：www. esp. com. cn

电子邮箱：esp@ esp. com. cn

天猫网店：经济科学出版社旗舰店

网址：http：//jjkxcbs. tmall. com

北京时捷印刷有限公司印刷

710 × 1000 16 开 12 印张 200000 字

2020 年 4 月第 1 版 2020 年 4 月第 1 次印刷

ISBN 978 - 7 - 5218 - 1178 - 0 定价：68.00 元

（图书出现印装问题，本社负责调换。电话：010 - 88191510）

（版权所有 侵权必究 打击盗版 举报热线：010 - 88191661

QQ：2242791300 营销中心电话：010 - 88191537

电子邮箱：dbts@ esp. com. cn）

前　言

　　目前我国高投资、低消费的结构性矛盾成为制约我国经济可持续发展的主要问题，我国经济开始步入以调整带动发展的"三期叠加"新阶段，扩大以居民消费为主体的内需成为适应我国经济发展新常态的现实选择。面对当前我国国内控制通货膨胀的压力日益剧增、产能过剩与物价上涨迅猛等多重问题交织的复杂性，政府新一轮实施的积极财税政策是就此淡出抑或是继续扩张需要格外慎重考虑，全面评价我国财税政策对居民消费拉动的政策效应，并进一步对我国财税政策促进居民消费取向进行展望，从而为后危机时代政府宏观调控决策提供全新思路和理论依据。本书研究依照"文献梳理—机理分析—现状考察—模型构建—实证分析—政策建议"的分析脉络开展，就我国财税政策对居民消费的影响进行文献梳理，就财税政策对居民消费影响进行理论机制和现状分析。本书系统全面考察时间因素、空间因素和第三方因素（城乡居民收入差距）存在的差异时，税收负担和税制结构、财政支出规模和财政支出结构对居民消费水平的影响效应进行多维度分析，从而验证我国财税政策对居民消费水平具有效应的非对称性、空间溢出效应和非线性效应的作用特征，从而明确实现我国居民消费发展的财税政策作用方向与重点。

　　本书共有8章内容。第1章简要说明文章研究内容和研究框架。第2章对税收收入和税制结构、财政支出规模和财政支出结构、居民消费情况进行现状描述性分析，然后对我国税收政策与财政支出政策影响居民消费的现状及存在的问题进行现实考察。第3章将消费税、劳动所得税、资本所得税和企业所得税四类税收加入家庭预算约束中，将政府消费性支出、政府投资性支出、政府服务性支出和政府转移支付支出加入家庭预算约束中，运用动态随机一般均衡（DSGE）分别研究四类税收和四类财政支出对居民消费和居民消费率的动态效应，并运用贝叶斯估计方法对动态参数进行估计。第4章基于对我国财政政策非凯恩斯效应潜在时期的划分结果，通过构建动态效应面板数据模型，对财税政策对居民消费水平在财政平稳时期和财政调整时期的凯恩斯效应和非凯恩斯效应进行参数估计，由此实证检验财税政策对居民消费水平效应的非对称性的存在性。第5章运用核密度函数及马尔可夫链分析方法考察中国省域居民消费水平的集聚格局和时空跃迁；采用静态空间杜宾模型和动态空间杜宾模型考察财政政策对我国居民消费水平是否存在空间溢出效应。第6章通过构建面板门槛回归模型实证分析财政支出政策对居民消费水平的非线性效应。第7章提出促进我国居民消费的财税政策建议。第8章指出研究中存在的不足以及需要进一步深入研究的内容与方向。

本书得到海南省自然科学基金（118MS042）、海南省高等学校教育教学改革研究重点项目（Hnjg2018ZD—10）、海南省自然科学基金（117116）、海南省计算科学与应用重点实验室的资助。由于水平有限，书中不足和错误，敬请读者批评指正。

目　录

第1章 绪 论

1.1 研究背景及意义

1.1.1 研究背景

根据历年的《中国统计年鉴》可知，自1978年实施改革开放以来，中国经济保持年平均10%的高速增长，创造了"中国经济发展奇迹"。投资、出口和消费被誉为推动中国经济增长的"三驾马车"，我国经济增长过于依赖投资和出口的拉动，消费对经济增长的贡献持续走低，1978~1997年，我国投资需求和居民消费需求分别年均增长了18.26%和17.60%。随着投资需求的快速增长，三大需求对GDP的贡献率也出现投资快速上升和最终消费需求波动下降的趋势。1997年亚洲金融风暴致使我国宏观经济出现了经济增长缺乏动力、通货紧缩和需求不足的态势，为应对金融危机对我国经济造成的影响，政府实施了包括增发国债、降低利率、减税和加大政府支出等积极的财税政策。从财税政策实施结果来看，我国实施的积极财税政策对提升经济加速增长的效果明显，1998~2006年GDP年均增长率达到11.92%，国民经济平稳运行。但随着反周期政策的长期化和固态化，"困惑现象"暴露出来，经济得以增长付出的巨大代价是内需与外需、国内投资与消费比例失衡状况，消费、投资和出口三大需求对经济增长的贡献率分别从1998年的57.1%、26.4%和16.5%变为2006年40.3%、43.6%和16.1%（见图1.1）。此外，1998~2006年国债投资已经成为投资、消费、出口之外的"第四驾马车"，国债投资对经济增长的贡献率处于 19.2% ~25% 之间。

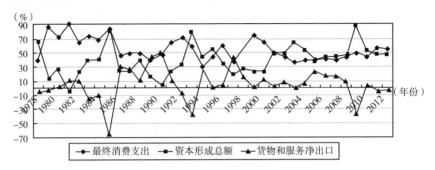

图 1.1　1978 ~ 2012 年我国三大需求对经济增长拉动趋势

资料来源：根据相关年份的《中国统计年鉴》整理。

2008 年美国次贷危机引发的国际金融风暴，使全球经济持续低迷和购买力急剧锐减的现象凸显出来，此时我国投资增长并未得到最终消费需求的有效支撑，造成产能过剩、供求失衡，外加原本就存在人民币升值压力问题，这些因素"合力"导致我国面临出口需求的日益减少，我国内需和外需、国内投资和消费进一步失衡。高投资、低消费的结构性矛盾成为制约我国经济可持续发展的主要问题，我国经济开始步入以调整带动发展的"三期叠加"新阶段，扩大以居民消费水平为主的内需成为我国经济增长方式转变的现实选择。

我国居民消费率持续下降带来以下三个方面的影响。第一，居民消费占 GDP 中的比重逐年下降，2012 年中国居民消费率不足 35%（见图 1.2），中国居民消费率不但远远低于发达国家的水平，而且低于许多发展中国家的水平，居民消费率的持续下降及相对低下导致中国居民消费需求严重不足，造成中国宏观总需求不足，使得宏观经济出现总需求小于总供给的非均衡，从而减缓经济增长。造成这种状况的原因在于中国居民的消费力在消费领域面临结构性因素的抑制，"符号刺激"居民消费欲与"结构抑制"消费力发生了脱节现象（王宁，2012）。第二，理论上如果我国是一个内部经济协调发展的国家，我国经济发展的态势就应该或必须由国内因素决定，然而当前我国经济发展之所以过多依赖外需因素，根本原因是由于国内经济发展失衡所造成的；居民消费率下降导致最终消费率下降，使得中国经济增长对投资和出口的依赖程度增加，一旦出口遭遇"瓶颈"，就会造成国民经济结构的失衡，影响国民经济的可持续发展。因此，保持消费、投资、净出口的协调发展，才能维持经济社会的持续、稳定、健康发展。第三，消费规模的扩大和消费结构的升级是经济增长的源动力。其中，消费结构的优化与升级能够在消费总量增长的同时改善消费内部结构的合理性，实现消费与内外部市场供给的协调发展，使社会整体消费实现质的提升（肖立，2012）。居民消费率的持续下降意味着经济增长并不能带来居民生活水平的提高，即居民消费增长要低于经济增长（王宋涛，2014）。因此，新一轮积极财政政策必须注重投资与消费二者协调发展，在应对国际金融危机冲击的同时，努力化解我国经济发展中存在的经济结构失衡和体制性约束问题，推动经济增长方式由投资和出口拉动型向内需推动型转变。

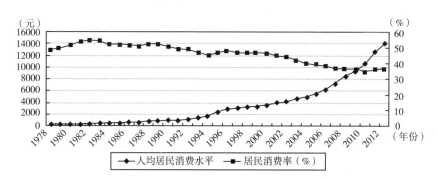

图 1.2　1978～2012 年居民消费水平及居民消费率趋势

资料来源：根据相关年份的《中国统计年鉴》整理。

我国经济在经历"失衡式"高速增长之后，对投资和出口的长期过度依赖导致内需疲软，以及经济周期规律作用所面临的经济增长减速与下行压力剧增等多重问题交织。外需锐减使得扩大内需比任何时候都更加彰显迫切。后经济危机时代经济复苏需要一个漫长过程，经济增长对高投资的过分依赖所积累的国内过剩产能，需要依靠更多的国内居民消费来消除。因此，扩大居民消费和释放居民消费潜力是实现经济增长方式转型和平稳较快增长的强劲后盾。面对世界经济的变革和大调整，转变经济发展模式，走以消费为主的发展之路，尤其是增强居民需求，是我国目前及今后一段时期经济平稳较快增长的根本立足点。"政府主导型"经济发展模式是中央和地方各级政府通过"有形的手"指导着经济体的发展。国家"十二五"规划纲要和党的十八大报告明确提出，应加快形成消费、投资、出口协调拉动经济增长的新局面，建立扩大居民消费需求的长效机制。2009～2014年的中央经济工作会议分别提出：为了实现经济平稳较快发展，仍需坚持扩大内需，特别是以增加居民消费需求为重点（2009年）；要调整优化需求结构，增强消费拉动力，重点提升居民消费能力、改善居民消费条件、培育新的消费热点（2010年）；要着力扩大内需特别是消费需求，完善促进消费的政策，努力提高居民消费能力，增加中低收入者收入（2011年）；必须把扩大内需的重点更多放在保障和改善民生、加快发展服务业、提高中等收入者比重上来（2012年）；要牢牢把握扩大内需这一战略基点，培育一批拉动力强的消费增长点，增强消费对经济增长的基础作用，发挥好投资对经济增长的关键作用（2013年）；目前，我国消费需求从过去的模仿型排浪式向个性化、多样化消费形式转变，通过创新供给激活需求的重要性显著上升，需要采取正确的消费政策，释放消费潜力，使消费继续在推动经济发展中发挥基础作用（2014年）。财税政策作为国家宏观经济调节的重要手段，我国政府试图利用财税收支来撬动居民消费增长水平，保持国民经济持续稳定增长（李晓嘉和钟颖，2013）。在中国税收收入和财政支出保持快速增长的背景下，充分发挥财税政策的杠杆作用，增强居民消费能力，形成良好的居民消费预期，建立扩大居民消费需求长效机制，具有重要意义。

1.1.2　研究意义

理论上，目前对扩大居民消费的财税政策效应而言，存在凯恩斯主义与新古典主义两种不同流派主张的争论。然而，我国由于缺乏从理论层面系统分析财税政策对居民消费的作用机制，同时对财税政策扩大居民消费的政策实际效果也未进行全面性的评价，从而在扩大居民消费问题上，习惯性地认为实施积极财政的目标是希望通过政府投资的扩大弥补民间投资的不足，维持经济运行的速度和活力，使投资转化的收入效应能够改变消费预期、提高边际消费倾向、刺激消费，消费的启动和扩大再刺激民间投资意愿增强，从而使市场机制恢复自主运行能力，经济增长恢复内在的秩序；即通过"政府投资拉动—居民消费增长—民间投资增长—经济自主增长"的链式结构过程实现财政政策对市场传导机制的启动。面对当前我国宏观经济中，国内控制通货膨胀的压力日益剧增、产能过剩与物价上涨迅猛等多重问题交织的复杂性，政府在新一轮实施的积极财政政策是就此淡出抑或是继续扩张，需要格外慎重考虑。本书全面评价我国财税政策对居民消费拉动的政策效应，并进一步对我国财税政策促进居民消费取向进行展望，从而为后危机时代政府宏观调控决策提供全新思路和理论依据。

方法上，在总结和借鉴文献研究的基础上，本书首先从理论上分析税收政策、财政支出政策与城乡收入差距对居民消费的作用机理；然后运用我国省级面板数据考察财税政策对居民消费的影响效应，全面系统考察因时间因素、空间因素、第三方因素（城乡居民收入差距）存在差异时，财税政策对中国居民消费水平的影响；对影响效应进行多维度分析，以期进一步补充和完善财税政策对居民消费影响的主题内容。为了验证财税政策对居民消费水平效应的非对称性、空间溢出效应和非线性效应，本书采用动态效应面板计量模型 GMM 估计方法考察财税政策对居民消费水平在财政扩张与财政紧缩时期是否存在非凯恩斯效应；采用静态空间杜宾模型和动态空间杜宾模型考察财税政策对我国居民消费水平是否存在空间溢出效应；采用面板门槛计量模型将城乡收入差距门槛值作为外生变量，构建财税政策影响居民消费水平的分段函数，从而进行参数估计和检验，对各种财税政策工具挤入或挤出居民消费的原因进行深入剖析。

实践上，在我国外需锐减之际，从机制原理和政策实际效果研究促进居民消费需求的财税政策意义显著。财税政策的目标在于通过收入政策、消费政策和投资政策的实施改变消费预期，带动居民消费增长。"启而不动"的居民消费与政府职能在居民消费领域中的"缺位"或"越位"具有复杂关系。近年来我国政府运用相机抉择财税政策促进经济平稳增长和居民消费快速增长。为了最大限度避免国际经济危机对我国实体经济的冲击，我国政府1998年实施了积极财政政策，2008年宏观调控政策适时地从"两防""一保一控"转向"积极的财政政策与适度宽松的货币政策"，这些积极财政政策有效遏制了经济下滑，并使得后经济危机时代的经济总体态势处于平稳回升阶段。然而，制约经济发展的体制性约束以及深层次的制度障碍依然存在，在政策的实际执行中面临着消费难以启动、内需难以扩大的障碍，政府投资无法疏导市场机制的传导，而是形成直接外部推动式的经济运行特征。因此，要保持经济平稳较快发展，扩大内需尤其是扩大居民消费需求势在必行，以消费带动经济发展、恢复市场传导机制就是确保经济平稳较快增长的现实选择，政府如何运用财税政策带动居民消费增长从而使得财税政策对市场传导机制畅通，是当下政策制定者和研究者所关注的焦点和决策难点。因此，本书对当前我国经济中出现的居民消费需求不足的深层原因和现状进行剖析和判断，全面考察中国财税政策对居民消费水平影响研究的实践经验，深入研究财税政策对居民消费的作用机理和扩张性财政政策在带动内需上的有效性，以及运用经济计量模型与实证方法全面考察我国税收政策、财政支出政策和城乡收入差距对居民消费的影响效应，研究结论对指导我国财税政策促进居民消费将具有重要实践意义。此背景下，政府在新一轮积极财政政策中采用逆经济周期抑或顺经济周期的财政调控政策，将为我国政府扩大内需的宏观经济政策提供实践依据。

1.2 研究综述

20 世纪 90 年代开始，中国居民消费对 GDP 的贡献率过低而且呈现出不断下降的趋势（曾国安和胡晶晶，2006）。张家林（2010）认为居民消费是国家经济增长的内生动力，居民消费增长与政府投资可以良性互动。目前中国居民消费过低已经严重威胁到了我国经济发展的可持续性。中国居民有效需求不足致使居民消费贡献率过低。余永定和李军（2000）、马强（2004）、藏旭恒和张继海（2005）认为，不同主体存在不同的边际消费能力倾向，"居民间收入分配不公"导致居民贫富差距过大，进而使得中国居民消费不足；藏旭恒和裴春霞（2004）、方福前（2009）则认为，我国市场化改革过程中的社会保障体系不健全，中国福利制度改革不到位是导致中国居民消费能力不足的主要原因。陶传平（2001）认为，中国长期以来的历史、文化和经济发展水平因素和西方发达国家不同，这些因素决定了中国居民的消费行为有自己的特点，中国居民的消费行为特点是中国居民消费不足的原因。储德银和经庭如（2010）对比分析城乡居民的消费水平以及消费需求影响因素，研究发现收入水平是影响城乡居民消费需求的最重要因素。沈坤荣和刘东皇（2012）认为居民消费习惯、未来的不确定性、消费环境的不完善导致居民消费行为偏谨慎，严重制约中国居民消费水平。综合以上观点可以发现，对于居民消费问题主要是对居民消费特征、影响因素和对策等问题进行深入研究，影响居民消费水平的因素主要包括由收入水平决定的消费能力、消费意愿和消费环境等多个方面。关于财税政策促进居民消费水平的现有研究中，学者大多主张依靠政府干预，改变政府的财政收支规模和缩小居民间收入差距等手段来促进居民消费水平的提高，这也是本书研究所关注的主要问题。

1.2.1 税收政策与居民消费

理论上，凯恩斯主义抑或是新古典学派认为，税收政策对居民消费水平的影响效应是：税收收入会抑制居民消费水平，即居民消费水平随宏观税负水平的上升而减少，然而作为国家宏观调控的常用有效工具，税收政策中不同税种对居民消费水平的影响机理实际上存在较大差异。

1.2.1.1 税收收入规模与居民消费

马尔萨斯（Malthus，1836）较早关注税收与消费的关系，认为国家通过税收作用于政府非生产性消费使生产能力充分发挥作用和保持足够的有效需求，从而保持生产和消费的平衡，促进经济增长。凯恩斯（Keynes，1936）认为，政府可以通过累进税制度将富人的收入转移支付分配给穷人，解决由居民消费倾向过低造成的居民消费需求不足问题，此外适当减少税收来刺激居民消费需求和投资需求，从而使得税收政策是刺激居民消费需求的有效手段。生命周期消费理论（Modigliani，1954）和持久收入消费理论（Friedman，1957）则认为，政府的减税或增税行为只是临时性的，而居民以永久收入作为消费决策依据，因此具有永久性的税收变动才能有效促进居民消费消费增长。达比（Darby，1972）认为，如果消费者利用减税的意外所得购买耐用消费品，那么居民消费支出会有很大的提升；随机游走消费假说（Hall，1978）认为居民消费变动应该是无法预期的，具有非理性预期的税收政策才能影响居民消费水平。帕克（Parker，1999）认为居民消费变动主要与税后可支配收入有关。苏勒雷斯（Souleles，1999）经过调查研究发现，退税可以增加居民消费支出。对于退税的部分，高收入人群主要用于耐用品支出和休闲度假，低收入人群会用于购买急需的非耐用品。科恩等（Keen et al.，2002）和卡普拉诺格娄（Kaplanoglou，2004）则认为税制结构变动会产生再分配效应，进而对居民消费需求产生影响；阿尔弗雷多

（Alfredo，2011）利用实证进一步发现税收对居民消费的长期弹性为 −0.63。有文献使用跨国面板数据对李嘉图等价定理进行实证检验，通过对居民消费是否受到政府税收以及债务影响来判断李嘉图等价定理的成立与否，研究发现，政府无论用债券还是增加税收来筹资，其效果都是相同的或者说是等价的，因为居民预期政府会在未来通过提高税收来补偿当期支付的债券利息，因此消费者会缩减当期的支出来应对未来的税收（Barro，1974）。布兰查德（Blanchard，1985）和埃文斯（Evans，1993）在世代交叠模型基础上对李嘉图等价定理进行检验，研究发现实证估计显著拒绝李嘉图等价。

　　国内学者从总量视角分析宏观税负水平对居民消费水平的影响研究。李俊霖（2007）认为，宏观税负对消费需求的影响具有双重性，既可能通过减少个人可支配收入抑制居民消费需求，也可能通过增加公共产品供给刺激居民消费需求。王春雷（2009）认为扩大内需政策短期的重点在于扩大投资需求和改善消费环境；中长期的政策着力点在于应向中低收入者和农村居民消费倾斜。杨卫华和叶杏娟（2009）认为，我国劳动报酬和居民收入占 GDP 比重的不断下降，不同群体间居民收入差距的不断增加，导致居民消费能力不强和居民消费率降低。谭韵（2009）认为要通过税收政策加快收入分配向个人倾斜，增强居民消费能力。闫坤和程瑜（2009）认为，扩大内需和刺激居民消费是解决中国经济增长方式的最根本途径，通过降低税负、改善收入分配、提高就业率、完善社会保障制度为方向的财税政策的应用至关重要。岳树民（2009）、赵蓓和战岐林（2009）研究发现，在当前经济脆弱时期，减税对居民消费有正向影响，减税是提高消费、扩大内需的有效手段。许生（2009）认为财税政策要由稳健转向结构性扩张，以结构性减税和投资政策为主要工具，扩大我国内需和促进经济长期稳定可持续发展。吴玉霞和侯文英（2009）、邹蓉（2012）认为在当前经济形势下，我国消费需求的扩大在很大程度上依赖于农村消费市场的启动，利用税收政策提高居民尤其是农村居民收入水平，是政府刺激经济的有力工具。李俊英（2010）认为，税收政策应着眼于加大结构性减税力度和开征社会保障税增加居民收入，从而改变边际居民消费倾向，即通过居民收入因素对居民消费总量产生积极影响。武彦民和张远（2011）通过数据检验发现，财政收入占比每增加1%，居民消费率下降0.53%，但短期财政收入占比对居民消费影响不显著。李文（2011）利用我国1985～2008年的数据实证表明，我国税收负担对城镇居民消费的影响有限，降低总体税负并不是促进居民消费税收政策的最优选择。樊轶侠（2011）认为应调整中央与地方之间的税收分配结构；以税收制度创新实行结构性减税，加大发挥所得税和财产税的收入分配效应，重视消费环境效应，发挥税收政策影响居民消费的挤入效应。席卫群（2012）研究了扩大居民消费对我国经济增长的拉动作用，他发现，为了促进经济发展方式的转变，实现可持续发展，充分发挥税收政策引导市场主体行为的作用至关重要。李普亮和贾卫丽（2013）研究发现，税收收入增长不仅没有抑制居民消费增加，反而表现出一定程度的挤入效应，促进居民消费增长关键在于如何更好地实现税收收入与居民消费的协同增长。邓大松和柳光强（2013）认为在新形势下，应发挥财税政策作用以解决经济发展中的产能过剩与消费需求得不到有效满足、增加财政支出与减税的需求、低收入群体消费不足与高收入群体非理性消费的突出问题，从而有效实施扩大消费需求。汪伟等（2013）运用连续型双重差分估计方法研究税费改革对农村居民消费的影响。研究发现：税费改革对农村居民消费具有显著的刺激效应并且在改革的不同阶段表现出明显的差异，税费改革对消费的影响主要表现在改革的第二阶段，而且税费改革对消费的刺激作用在免除农业税的后续年份表现出较强的持续性；税费改革对人均收入水平低且发展落后的西部地区、农业大省份以及非粮食主产省份的影响更大，此研究结论为政府通过减税来扩大消费需求的政策举措提供了支持证据。

1.2.1.2 税制结构与居民消费

国内学者还分析了税收政策结构效应对居民消费水平的影响研究。

吴玉霞和侯文英（2009）的分析表明，税收政策因素对农村居民的人均居民消费支出影响为正，而对城镇居民的人均居民消费支出影响为负。张斌（2012）指出，税制结构会通过对不同消费品的差别征税来影响居民的消费结构。李香菊和周丽珠（2013）实证分析认为增值税可以挤入居民消费，应将现行商品和劳务的价内税改为价外税，使其税收显性化，这不仅是商品经济成熟的标志之一，同时也能唤醒消费者"税痛感"，从而使其消费行为趋于理性。徐全红（2013）认为，从长期看公司所得税和房产税对居民消费是挤出的，流转税和个人所得税则对居民消费有正向效应；短期内流转税和房产税对居民消费的影响不显著，企业所得税抑制了居民消费，个人所得税则促进了居民的消费。董小麟和陈娟娟（2014）认为，我国正处在经济转型的关键时期，居民消费增长速度放缓不利于经济发展方式的转变；税收政策调整的重点应是降低间接税税负、调整消费税税目及优化直接税征收，包括适当调整消费税的税目税率、改革居民个人所得税的计征方式、健全财产税制度和实行开征社会保障税等，以有利于合理调节社会消费预期与消费倾向，释放居民的消费能力。

总体而言，商品税主要通过税收的替代效应对居民消费结构产生作用，所得税和财产税通过收入效应影响居民消费能力与消费总量。因此，政府不仅可以通过实施差别化的税收政策调整国民收入分配格局，提升中低收入者的消费能力，还可以调节居民消费倾向，增强居民的消费意愿与购买力（杨文芳和方齐云，2010）。第一，通过税制优化和制度设计刺激居民消费。我国现行以间接税为主体的税制结构，能够较为便利地取得税收收入，却不能很好地起到调节收入分配的作用。要改善我国目前高储蓄低消费的经济现象，应对我国目前的商品税、所得税和财产税进行改革和协调。总体方向是提高所得税和财产税在我国税制中的比重，同时在增值税转型中，降低以增值税为主的商品税在我国税制结构中的比重（郑幼锋，2008）。第二，税收政策通过降低未来收支的不确定性风险改善居民消费预期，提高边际消费倾向（王根贤，2002）。开征社会保障税、完善我国社会保障制度，建立覆盖城乡的社会保障体系不仅能消除人民对未来不确定因素的顾虑，而且社会保障税的征收可以调节高收入者与中低收入者的收入差距，从而最大限度释放我国居民的消费潜力；税收能够通过改变消费能力、消费意愿、消费环境等因素对居民消费需求产生显著影响。也就是说，税收政策能通过增加居民可支配收入来提升居民消费能力，通过调节收入分配和降低居民未来的不确定性风险来增强居民消费意愿，通过调整消费品供给结构和拓展消费领域来优化消费环境（闫坤，2008）。第三，税收政策通过增加居民可支配收入，提升居民消费能力，税收通过收入效应调节居民消费总量，又通过替代效应对居民消费结构起到调节功能（张伦俊和刘新利，1999）。首先，改革个人所得税，直接增加居民可支配收入。尽早实行综合分类所得课税模式；在将住房购建费用、医疗费用和教育费用列入个人所得税费用扣除范围的同时，提高独立提供劳务人员的劳务报酬、稿酬等收入的税前扣除标准；调整个人所得税的税率结构和扩大级距，适当降低最高边际税率；取消对股息、红利征收的个人所得税，适当增加居民的财产性收入（辛小莉，2009）。其次，改革流转税，间接增加居民的实际购买力。进一步调整增值税政策；实行农业生产资料增值税退税（李大明和廖强，2009）。最后，运用税收政策增加农民生产收入和工资性收入；提高就业率、增加城镇低收入群体的收入；降低个体工商户的货物与劳务税收的税负，增加个体工商户的经营性收入（贾康，2010）。

1.2.2　财政支出政策与居民消费

1.2.2.1　政府财政支出规模与居民消费

政府财政支出对居民消费的影响从作用来讲主要包括两类：替代

效应（substitute effect）和互补效应（complement effect）。政府财政支出对居民消费具有挤出效应（crowding-out effect），反之则称为具有挤入效应（crowding-in effect）。对于财政支出政策对居民消费的有效性可以追溯到李嘉图等价定理。李嘉图等价定理是对凯恩斯需求管理政策的否定。贝利（Bailey，1971）最先通过构造有效消费函数研究政府财政支出与居民消费之间的替代关系和互补关系。鉴于李嘉图等价定理成立的前提条件比较严格，并且模型设定偏差可能导致不同的结果，因此大部分文献用财政支出是否显著影响居民消费来判断李嘉图等价是否成立，政府财政支出与居民消费之间的相互关系颇具争议，由此产生了四种不同的结论。一是政府财政支出对居民消费显著存在挤入效应。拉姆（Ram，1986）、阿绍尔和艾伦（Aschauer and Alan，1989）建立新古典模型发现，政府参与经济会有效解决公共物品"拥挤"问题，政府规模在很大程度上影响国家财政政策，并且财政支出与经济增长水平相一致（Barro and SaIa-I-Martin，1992）。伊里（Ihori，1990）认为财政支出的效应应该取决于居民的预期，其在达吉奇（Djajic，1987）的财政支出动态模型中加入居民预期，模型结论表明，如果政府永久性增加支出被完全预期，那么居民消费就会上升，但是这种影响效果取决于政府支出的初始状态相对于最优水平的位置。卡拉斯（Karras，1994）构造滞后一期消费、滞后一期政府财政支出的消费函数模型，同时将政府规模加入考量因素之中，研究发现政府财政支出与居民消费之间呈现出互补关系，且互补关系的强度随着政府规模的增大而减弱。德弗勒斯等（Devereus et al.，1996）在规模报酬递增、寡头竞争假设前提下，通过对政府财政支出与宏观经济关系进行研究发现，政府财政支出的增加导致总产量水平的上升和拉动劳动生产率的提高，进而会提高居民实际工资水平和增加居民消费水平。施拉莱克（Schclarek，2004）基于不同的假设实证分析认为，政府财政支出同居民消费之间存在互补关系，政府支出对居民消费有凯恩斯主义的扩张效应。亚历山德罗（Alessandro，2010）使用 ECM 模型分析也得出财政支出对居民消费存在正效应。二是政府财政支出对居民消费显著存在挤出效应。克伦迪（Komendi，1983）、阿肖尔（Aschauer，1985）运用美国数据，艾哈迈德（Ahmed，1986）运用英国数据，从长期收入决定模型和跨期替代模型出发，研究发现政府财政支出与居民消费之间存在显著的替代关系。朗道（Laudau，1986）采用新古典增长模型研究发现，财政支出对经济增长具有反向作用，这种负相关性在发达国家表现得更为明显。艾哈迈德和米勒（Ahmed and Miller，2000）研究表明，政府支出与居民消费之间存在明显替代关系。也有学者根据财政支出的不同筹资方式进行对比研究，发现财政支出对私人消费的挤出或引致效应受财政筹资方式的影响，税收筹资方式下的挤出效应大于国债投资方式下的挤出效应；此外，治安与福利方面的支出产生挤出效应。财政支出和居民消费之间也可能是替代关系，财政支出的增加导致居民消费的减少，即财政支出对居民消费产生了挤出效应。三是政府财政支出对居民消费的影响两种效应同时存在。巴罗（Barro，1985）以持久收入理论研究发现，短期内政府财政支出对居民消费产生引致效应，长期上财政支出对居民消费会产生挤出效应。天野和威扬托（Amano and Wirjanto，1997）构造两时期持久收入模型，在理论上分析了政府支出的影响存在私人消费的跨期替代与期内替代的情形，实证检验显示，当私人消费的跨期替代弹性大于两者的期内替代弹性，政府与私人消费成互补关系；而当跨期替代弹性小于（或等于）期内替代弹性，两者成替代（或无）关系。通过构造消费函数模型研究结果表明，对大部分国家来说，政府财政支出与居民消费之间存在互补关系。四是政府财政支出对居民消费的影响效应不明显。何宗武（Tsung-wu Ho，2001）研究发现对单一国家而言，政府财政支出对居民消费之间是否具有替代效应或者引致效应并无一致性结论，但在对多国数据进行面板协整分析的结果表明政府财政支出对居民消费的挤出效果非常显著；何宗武（Tsung-wu Ho，2004）对日本的数据进行了研究得出相似结论。

　　国内文献也从不同角度对财政支出与居民消费关系进行研究，而且同样得到不同的实证结论。一是我国政府财政支出对居民消费具有挤入效应。张东刚（2000）通过对近代中国的财政支出与过渡型经济形态进行分析发现，财政支出对近代经济增长起到促进作用。马栓友（2003）认为，财政支出与社会总需求存在正相关关系，实施积极财政政策对促进消费增长有重要作用。郭杰（2004）对我国财政支出与居民消费和投资乘数效应分析表明，我国财政支出对居民消费的乘数效应不大，财政支出与居民消费具有互补关系而非替代关系。李广众（2005）在消费者最优选择的分析框架内，实证研究得出短期内政府支出与居民消费之间为互补关系。李永友和丛树海（2006）基于居民最优决策行为构建可变参数消费效用函数，并利用中国数据进行 GMM 估计，得出政府财政支出对居民消费存在挤入效应的结论，而受限方程的 Wald 检验结果间接证明李嘉图等价不成立。袁晓玲和杨万平（2008）、杨子晖等（2009）、王晓枫和熊海芳（2009）研究结果表明，我国居民消费、政府消费以及经济增长之间存在长期均衡关系，政府支出对居民消费具有显著的促进作用，而居民消费增长则能够促进经济增长。二是我国政府财政支出对居民消费的挤出效应。谢建国和陈漓高（2002）通过建立改进的跨期替代模型并引入个人风险偏好函数，实证发现政府财政支出从长期看会严重挤占居民消费支出。黄赜琳（2005）在 RBC 模型中引入政府支出作为外部随机冲击变量，运用随机动态均衡方法判断政府支出与居民消费之间的替代关系。三是政府财政支出对居民消费的影响两种效应同时存在。庞瑞芝（2002）、王延军（2007）使用非线性有效消费函数构造政府支出与居民消费的跨期替代模型，实证研究发现，在短期内政府支出与居民消费是互补的，但在长期内我国政府支出与居民消费呈替代关系。四是研究发现政府财政支出对居民消费的影响效应不明显（胡蓉等，2011）。居民对未来支出水平预期的不确定性导致无论在长期或短期，积极的财政政策对居民消费的刺激作用均并不明显（戴园晨，1999；曾令华，2000）。

1.2.2.2　政府财政支出结构与居民消费

内生增长理论认为，由于公共支出的外部性，公共支出能够发挥提高经济增长率的作用。我国财政支出结构是导致居民消费率持续下降的主要原因，在考察积极财政政策刺激经济增长和居民消费增长时，更应考察政府财政支出结构对居民消费的影响效应。

（1）外国文献研究。

政府投资性支出对居民消费影响效应方面。汗和莱因哈特（Khan and Reinhart，1990）实证分析发现，政府经济建设支出对经济增长有负面效果（没有通过显著性检验）。伊斯特利和丽贝罗（Easterly and Rebelo，1993）则认为政府经济建设支出与经济增长之间有正向关系。德瓦拉根等（Devaragan et al.，1996）研究发现，总支出中资本性支出所占的份额过多会导致公共资源误置的现象，资本性支出对经济增长率的作用是负向的。

政府民生性支出对居民消费影响效应方面。阿肖尔（Aschauer，1989）研究发现，政府基础建设投资对经济发展具有极强的正向关系。莱文和瑞内特（Levine and Renelt，1992）发现，教育支出与经济增长没有强劲的共同联系。坦齐（Tanzi，1996）认为，民生性支出能够提高国家人力资本的提升、吸收外国技术和发明新技术的能力，从而推动本国经济增长。

政府消费性支出对居民消费影响效应方面。艾森瑟和格林伍德（Aschansuer and Greenwood，1985）认为，政府消费性支出能够直接进入家庭效用函数的公共物品和服务，政府会因此增加税收和降低投资回报率，从而抑制私人投资，对经济增长产生负效应。格里尔和塔洛克（Grier and Tullock，1989）使用跨国家数据研究发现政府在资源配置上的扭曲作用，政府消费性支出占 GDP 的份额与真实 GDP 存在显著负相关性。艾哈迈德和尤（Ahmed and Yoo，1995）在真实经济周期的框架下，利用相对价格方法也得出政府消费性支出与真实 GDP 存在负相关关系。但内生增长理论实证检验得出不同结论。林（Lin，1994）研究发现消费性公共支出对经济增长具有统计上显著的正向效果；卡申（Cashin，1995）得出相同的结论，即政府转移支付对经济增长有正向作用；而伊万斯（Evans，1997）研究认为政府消费对增长的影响是外生的，在长期内没有显著影响。

（2）我国文献研究。

我国学者同样将政府财政支出按照功能划分，考察政府财政支出结构对居民消费的影响效应。张治觉和吴定玉（2007）将政府支持划分为投资性支出、消费性支出以及转移支付支出三项。贺京同和那艺（2009）根据各类政府支出项目的基本功能，可将其划分为公共福利支出和非公共福利支出两大类。官永彬和张应良（2008）实证分析认为，政府支出与居民消费之间存在动态关系，结果显示政府支出结构决定了政府支出对居民消费的影响。刘侃（2012）、郑尚植（2012）从结构角度出发，研究认为财政支出的结构严重扭曲导致地方财政支出对居民消费具有较大的挤出作用。陈凯和席晶（2012）通过跨期替代模型分析发现，财政支出结构的不合理会导致财政支出总额对居民消费的挤入效应相对较弱。因此，研究财政支出结构对居民消费是十分必要的。

第一，政府投资性支出对居民消费具有挤入效应和挤出效应。胡书东（2002）、李春琦和唐哲一（2010）研究发现财政支出结构中经济建设费与居民消费存在正相关关系。相反，石柱鲜等（2005）、王宏利（2006）、杨子晖（2006）从居民消费跨期模型研究发现，无论是长期还是短期上，政府投资性支出对居民消费都具有挤出效应，其经济建设费无论是在长期抑或短期都挤出居民消费。楚尔鸣和鲁旭（2008）从线性有效消费函数视角构造研究跨期替代理论模型得出同样的结论。

第二，政府民生性支出对居民消费具有挤入效应。洪源（2009）、洪源和肖海翔（2009）、易行健等（2013）构建消费函数，分析表明我国政府民生消费性支出与居民消费存在显著的互补关系，并且政府民生消费性支出是导致居民消费变动的主要因素。汤跃跃和张毓雄（2012）运用非结构化的向量自回归模型进行实证表明，民生财政支出能够带动城镇居民消费支出和农村居民消费支出，进而拉动经济增长。金三林（2009）进一步分析政府财政支出中教育、医疗卫生、社会保障等公共服务方面的支出对居民消费具有正向影响。

第三，政府消费性支出对居民消费具有挤出效应。谢子远和杨义群（2006）通过格兰杰因果检验和相关性检验研究发现，我国政府消费性支出与居民消费之间不存在因果关系。姜洋和邓翔（2009）、陈创练（2010）研究发现，政府消费性支出显著地挤出居民消费，从而弱化财政政策扩大内需的乘数效应和实际效果。

第四，政府财政支出结构对居民消费的区域效应分析。主要是从中国区域经济发展不平衡和"城乡二元经济社会结构"两个方面，探讨政府财政支出结构与居民消费的关系。研究者进行了更加细致的区域分析，从而得出更加细致的结论。张颖熙和柳欣（2007）、薛鹏和徐康宁（2012）认为，考虑到我国二元经济的现象，政府财政支出对城镇和农村居民消费均具有积极作用。颜青（2013）认为，由于政府投资分配倾向于城镇地区，地方政府投资对城镇居民消费的挤出效应更加明显。胡永刚和杨智峰（2009）、储德银和闫伟（2009）、毛其淋（2011）研究表明，地方政府财政支农支出对农村居民消费具有显著的挤入效应，但转移性支出与农村居民消费的相关程度并不明显。随后储德银和闫伟（2010）、李建强（2010）实证研究发现，民生性支出和非民生性支出对城镇和农村居民消费的影响效应截然相反。

1.2.3 收入差距与居民消费

坎贝尔和曼昆（Cambell and Mankiw，1991）提出"λ假说"消费函数，居民消费者按持久收入选择消费，则收入差距扩大会通过遗赠导致消费减少；若按现期收入安排消费，则收入差距扩大会通过消费倾向的降低导致消费减少。居民收入差距过大会导致消费需求不足，研究者大多数是从基尼系数、泰尔指数或库兹涅茨比率等收入差距适度性指标进行分析或者对收入差距和消费进行理论分析，指出收入差距和消费之间存在某种联系，即多大的居民收入差距最有利于消费需求的扩张。布林德（Blinder，1975）研究结果表明收入分配差距会减少总消费。

在对我国内需不足主要原因的研究中，收入分配差距是影响居民有效消费需求的重要制约因素。国内学者主张通过税收政策和财政支出政策完善收入分配，增加居民收入，以达到扩大居民消费的目的。目前国内学者更多的是研究居民收入差距与居民消费之间的关系，其研究主要是在"收入分配差距（或收入分配结构不合理）上升导致居民边际或平均消费倾向下降，居民消费率下降（或居民储蓄率上升），导致消费需求下降"思路下研究收入分配与居民消费。具体来看，我国研究者大多集中于城乡居民间收入差距或者城镇居民（农村居民）内部差距对居民消费需求影响的研究。

针对城乡居民收入差距对消费需求影响的研究。程永宏等（1999）认为居民收入分配不公是影响我国国民收入高增长而居民消费需求下降的重要因素，最优收入分布函数模型分析得到，总体收入集中在少数高收入阶层手中会导致社会总需求减少。朱国林等（2002）进一步分析表明，我国收入分配不均就会导致高收入阶层的遗赠动机太强，对社会总消费有显著影响，"劫富济贫式"的收入再分配有利于提高整个社会的边际消费倾向，从而促进有效需求扩张。刘文斌（2000）、孙江明和钟甫宁（2000）认为收入分配的不同制约了消费需求的增加，收入差距尤其是城乡收入差距的拉大会从消费结构上制约总消费的增加。李军（2003）、陈乐一（2005）、胡瑶（2009）、朱汉雄和冯晓莉（2009）、吴振球等（2010）证明，收入差距不断扩大起到了降低消费需求水平的负向作用，提出城乡收入差距通过质与量两方面对消费需求产生负面影响。储德银等（2009）认为在影响城乡居民消费的经济因素中，收入分配差距与城乡居民消费呈现出负向变动关系，但农村收入分配差距对居民消费的弹性系数较大。

针对居民内部收入差距对消费需求影响的研究。孙凤和易丹辉（2000）、赵卫亚（2003）认为收入阶层差异是影响我国城镇居民消费结构的重要要素。吴易风和钱敏泽（2004）提出，收入差距扩大会导致城镇居民支出减少，特别会大幅降低高收入阶层的消费率。吴晓明和吴栋（2007）研究证明，两种模型都可以得出我国城镇居民内部收入差距扩大会引起平均消费倾向降低与消费不足的结论。娄峰和李雪松（2009）运用动态半参数面板数据模型，认为收入差距对居民消费存在负向作用且总体上呈双峰波形。谭宏业和柯学良（2011）认为城镇内部最优化收入差距需要关注的是"两极分化因素"。林江鹏等（2007）认为我国农民的收入与消费支出水平呈高度正相关关系，收入是影响农民消费最直接、最具决定性的因素；采取相应措施以缩小城乡居民收入差距并推动农民收入的提高，可以提高其边际消费倾向和农村消费水平。刘灵芝和马小辉（2010）实证分析农村居民收入分配结构与消费需求的关系，发现不同收入阶层的农村居民在收入分配效应下的平均消费倾向都是正的，且随着收入等级的提高而提高。

针对居民收入差距对居民消费影响的区域效应。杨天宇和柳晓霞（2008）认为，在分析收入差距对居民消费的影响时，应考虑地区差异问题。范小丰和范辉（2010）通过计量模型分析，提出城乡收入差距扩大对消费需求存在负面影响且我国存在区域性差异。张才杰（2011）根据产业组织理论认为，地区间会形成具有黑洞功能的经济体，地方政府通过资源、技术和政策等优势集结，形成互帮互助的统筹发展模式，实行东西部城市互相帮扶的政策，从根本上改变资源流向，从而实现"先富带动后富"的发展局面。

财税政策通过影响政府行为作用于居民消费，胡日东和王卓（2002）认为财税政策的不合理导致政府改善收入分配差距的政策收效甚微，因而收入差距扩大对居民消费支出产生抑制作用。杨天宇（2009）、王少国和常健（2010）认为，为了刺激我国居民消费需求，需要通过财税政策缩小居民收入差距和加大居民收入再分配的力度。

具体而言，税收政策通过影响收入分配作用于居民消费。范宝学（2009）通过对我国现行财税体制中阻碍居民消费增长因素进行分析，提出调整税收政策，增加居民可支配收入和缩小居民收入差距，从而推进居民消费的政策建议。杨文芳和方齐云（2010）从收入再分配角度的影响机理分析发现，以间接税为主的税制结构不能实现税收政策调节收入再分配的功能，使得税收政策在提高居民消费方面的作用有限。吴栋和周鹏（2010）分析财政支出对居民消费率的影响后提出，需考虑城乡二元结构因素，制定差异化的财政支出政策。国内对财政支出和居民消费支出的关系研究较多，通过研究财政支出和我国居民城乡收入差异，学者们认为我国财政支出结构对我国城乡居民收入差距存在影响。莫亚林和张志超（2010）实证研究发现，我国现行财政支出政策加剧城乡居民贫富差距和扭曲居民消费结构，从而抑制居民消费增长。蔡伟贤等（2011）实证研究发现我国政府财政支出对居民消费没有表现出凯恩斯理论的收入再分配效应。赵元笃（2013）研究发现地方财政支出通过分配环节两种渠道来影响农村居民消费。

1.2.4　文献评述

现有文献对财税政策与居民消费关系研究提供了重要的理论视角和研究方法，采用不同的实证方法、选择不同的数据样本以及城乡区域存在差异等方面进行分析研究，研究结论也不尽一致。同时，研究者还对外部因素对居民消费水平进行分析。万广华和张茵（2001）以收入方差表示"收入不确定性"，用医疗、教育等服务价格或支出额作为"支出不确定性"的代理指标，发现流动性约束和不确定性对我国消费有显著的负面影响；袁芳英（2010）构建基于未来不确定性的消费者跨期最优消费模型，根据该模型的推导，研究发现消费者的风险偏好以及居民消费和政府支出之间的相关系数是决定居民消费的根本因素。屠俊明（2012）研究发现流动性约束和政府消费分别通过弱化居民消费跨期优化能力和增强其对居民消费替代作用的渠道来增加居民消费波动。

关于财税政策促进居民消费水平的现有研究中，研究者主张依靠政府干预，改变政府的财政收支规模等手段来促进居民消费水平的提高。研究者大多通过理论分析、模型推导与实证检验财税政策对居民消费水平的影响，提出有利于促进居民消费水平的财税政策建议。综观现有研究，虽然在财税政策对居民消费水平影响方面做了较为全面的理论框架和实证考察，但学者在考察居民消费水平的财税政策因素及效果时，大多建立在效应对称性、线性相关性和参数同质性的假设前提下，而忽略了财税政策与居民消费效应的非对称性、参数异质性与非线性关系。

因此，本书试图回答以下三个问题：第一，在不同财政时期，财税政策对中国居民消费水平的影响如何？第二，财税政策对中国居民消费水平是否具有空间溢出效应？第三，财税政策对中国居民消费水平的影响是否因各地区城乡居民收入差距的差异而有所不同？本书将全面系统考察因时间因素、空间因素和第三方因素（城乡居民收入差距）存在差异，财税政策对中国居民消费水平的影响，并对影响效应进行多维度分析，以期进一步补充和完善财税政策对居民消费影响的主题内容。

1.3 研究内容与本书框架

1.3.1 研究内容

根据研究思路和技术路线，本书共包括 8 章内容，具体结构安排如下：

第 1 章 "绪论"。主要包括文章的研究背景和研究意义，对国内外有关财税政策促进居民消费的研究进行全面梳理。此外，简要说明本书研究内容和研究框架，进而提出本书需要深入研究的创新点。

第 2 章 "财税政策与居民消费的理论机制及其现状分析"。该章简要介绍财税政策对居民消费的预期效益、财富效应和替代效应；进一步分析税收政策和政府财政支出政策对居民消费影响的传导机制。该章还对税收收入（宏观税负）和税制结构、财政支出规模和财政支出结构、居民消费情况进行现状描述性分析，然后对我国税收政策与财政支出政策影响居民消费的现状及存在的问题进行现实考察。

第 3 章 "财税政策对居民消费的影响及其传导机制研究"。该章将消费税、劳动所得税、资本所得税和企业所得税四类税收加入家庭预算约束中，将政府消费性支出、政府投资性支出、政府服务性支出和政府转移支付支出加入家庭预算约束中，运用动态随机一般均衡（DSGE）分别研究四类税收和四类财政支出对居民消费和居民消费率的动态效应，并运用贝叶斯估计方法对动态参数进行估计，为研究财税政策对居民消费和居民消费率影响效应提供新的分析视角。

第 4 章 "财税政策对居民消费的非对称性效应"。基于对我国财政政策非凯恩斯效应潜在时期的划分结果，通过构建动态效应面板数据模型（系统 GMM 估计方法），就财税政策对居民消费水平在财政平稳时期和财政调整时期（财政紧缩时期和财政扩张时期）的凯恩斯效应和非凯恩斯效应进行参数估计，由此体现财税政策对居民消费水平效应的非对称性的存在性予以实证检验。

第 5 章 "财税政策对居民消费的空间溢出效应"。首先通过泰尔指数分析传统的区域划分方式的不合理，说明在分析财税政策对居民消费影响时需要考虑空间因素；运用核密度函数及马尔可夫链分析方法考察中国省域居民消费水平的集聚格局和时空跃迁；采用静态空间杜宾模型和动态空间杜宾模型考察财政政策对我国居民消费水平是否存在空间溢出效应。

第6章"财税政策对居民消费的第三方效应检验"。为了考察财税政策对居民消费水平影响方面存在参数异质性与非线性关系。该章首先就财税政策对居民消费水平的总体效应作出判断，然后通过构建面板平滑转换（PSTR）模型对含有外生变量的函数平滑转变效应和参数进行估计和检验，由此对体现税收政策对居民消费水平非线性效应的存在性予以实证检验；同时，通过构建面板门槛回归模型实证分析财政支出政策对居民消费水平的非线性效应。

第7章"促进我国居民消费的财税政策改革路径设计"。综合第2~6章理论分析与实证检验研究内容，归纳总结研究的主要结论，并提出促进我国居民消费的财税政策建议。

第8章"绪论"指出研究中存在的不足以及需要进一步深入研究的内容与方向。

1.3.2 本书框架

本书研究思路依照"文献梳理—机理分析—现状考察—模型构建—实证分析—政策建议"的分析脉络展开。首先，对财税政策与居民消费关系的研究文献进行归纳、梳理以及拓展；其次，根据财税政策影响居民消费的理论机制进行分析，得出可检验的理论假说和数理模型；实证分析上，分别采用动态效应面板计量模型 GMM 估计方法、空间杜宾模型和面板门槛计量模型，考察分析时间维度、空间维度以及第三方外部维度下财税政策对我国居民消费水平的影响效应。最后，结合理论分析和实证分析结论，提出相应的财税政策促进我国居民消费增长的政策建议。具体研究技术路线见图 1.3。

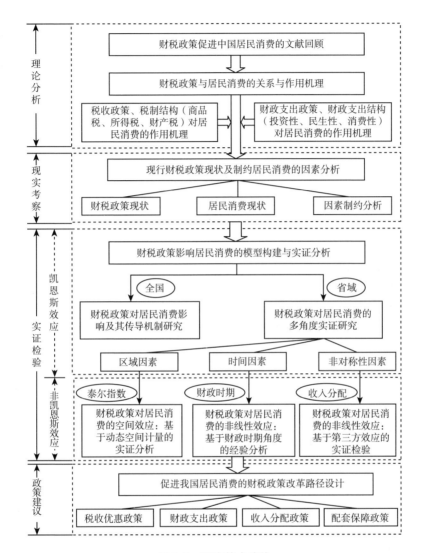

图 1.3　研究技术路线

1.4　研究创新

本书全面系统考察因时间因素、空间因素和第三方因素（城乡居民收入差距）存在差异，财税政策对中国居民消费水平的影响，对影响效应进行多维度分析，以期进一步补充和完善财税政策对居民消费影响的主题内容。文章研究创新点主要体现在以下五个方面。

第一，探讨财税政策对居民消费水平的影响效应，研究者大多从规模和结构角度研究政府税收收入、财政支出与居民消费的关系，对政府税收结构和财政支出结构各类支出与居民消费的关系研究较少。为此，本书按照 IMF 和 OECD 的税收制度分类方法将税收收入大致分为商品税、所得税、财产税和其他税四大类，并进一步划分为直接税和间接税，从而近似测算出我国税制结构；同时，根据政府财政预算表把具有相似功能（或性质）的财政支出项目归类，将财政支出分为政府投资性支出、政府民生性支出和政府消费性支出，进而测算出我国财政支出结构，这种测算方法能够更加客观地反映我国地区税收政策和财政支出政策情况。在研究财税政策影响居民消费水平的总量效应与税收政策的结构效应时，除考察宏观税负和财政支出规模、税收结构和财政支出结构之外，还有必要关注税收各类型收入和政府财政各类型支出对居民消费所带来的影响，才能使分析更为全面，本书在这方面加以了拓展。

第二，凯恩斯主义认为需要依靠"全能型政府"积极干预对经济结构的转型和提高居民消费，然而新古典主义提出了质疑。因此，本书就我国财政政策潜在时期划分作出判断，通过构建动态效应面板数据模型（系统 GMM 估计方法）就财税政策对居民消费水平在财政平稳时期和财政调整时期（财政紧缩时期和财政扩张时期）的凯恩斯效应和非凯恩斯效应进行参数估计，由此对体现财税政策对居民消费水平效应的非对称性的存在性予以实证检验。

第三，我国地域广大、经济条件和自然条件差异也具有一定的差异性，各地区的经济发展程度和居民收入水平具有不均衡性，导致各地区的居民消费水平和消费结构也具有不平衡性和地域性。本书采用静态空间杜宾模型和动态空间杜宾模型考察财政政策对我国居民消费水平是否存在空间溢出效应；本书运用核密度函数及马尔可夫链分析方法考察中国省域居民消费水平的集聚格局和时空跃迁；采用空间杜宾计量研究税收政策和政府财政支出政策对我国居民消费水平存在的"邻里效应"和空间溢出效应。

第四，考虑到量变到质变的客观规律和政府利用税收手段和财政支出作用于收入分配政策，进而对居民消费产生间接影响。为了能够刻画和捕捉长期真实的非线性变化特征，本书引入了城乡居民收入差距重要变量，采用非线性计量模型将城乡收入差距门槛值作为外生变量构建财税政策影响居民消费水平的分段函数，从而进行参数估计和检验。本书在考察居民消费水平的财税政策因素及效果时，将重点分析城乡收入差距及收入差距程度的第三方外部因素影响财税政策对居民消费水平的影响变化情况。

第五，考虑到国家是独特的经济体，其社会发展状况、经济发展水平和居民消费环境等有所差异，这些外部因素都会影响财税政策对居民消费的作用效果。因此，本书在分析中国财税政策对居民消费的影响效应时，需要考虑加入外部因素，从而使得关于财税政策对居民消费影响效应的研究更加细致和深入。

第 2 章 财税政策与居民消费的理论机制及其现状分析

2.1 财税政策对居民消费影响的理论分析

凯恩斯主义的"需求管理理论"致使扩张性财政政策成为西方政府制定政策的理论依据，但是随着经济陷入"滞胀"困境，凯恩斯主义逐渐遭到质疑。新古典主义逐渐兴起，新古典主义认为市场经济是稳定的，预算赤字的减少对经济活动不产生影响，因为总供给是决定经济增长的主要因素。因此，财税政策是政府刺激居民消费的常用工具，然而新古典主义认为财税政策在短期抑或是长期通过总需求管理政策不能够改变实际产出和就业，即新古典理论认为减税和增加政府支出不仅不能熨平经济波动和增加居民消费，反而会挤出居民消费需求，即居民消费需求随政府支出的增加而减少，这也被称之为新古典无效定理。就财税政策对居民消费产生凯恩斯效应抑或非凯恩斯效应，本书将从预期效应、财富效应和替代效应三个方面进行理论分析。

2.1.1 预期效应

财税政策对居民消费的凯恩斯效应认为，经济处于非充分就业状态和经济当事人预期是不完全理性的，这是凯恩斯主义财税政策乘数效应理论的基本前提。凯恩斯主义理论认为减少税收收入和增加政府财政支出将通过乘数效应带动经济产出和社会就业的数倍增加，并通过居民收入传导带动居民消费水平，即税收收入和政府财政支出对居民消费产生挤出效应和挤入效应。然而，缺乏理性预期的微观基础是新古典学派质疑凯恩斯财税政策的主要原因。新古典学派认为当经济处于特殊时期，居民消费与财政扩张之间正相关和财政紧缩负相关有可能发生改变。政府减税和增加财政支出行为如果被消费者通过预期判断认为是长期的，理性消费者通过改变即期消费和预防性储蓄对政府财政扩张或者财政紧缩作出相应反应，政府税收持续增加或者财政支出持续减少也可能会导致永久性收入和居民消费同时增加，也能够改善居民投资预期。相反，政府持续减少税收或者增加财政支出会导致未来税负上升，从而减少消费者的预期收入，对居民消费产生负面的影响。然而，当增加税收收入或者减少财政支出的行为是临时性的，那么居民消费者可能就不会对政府增税和减支行为做出积极响应，这意味着财税政策对居民消费可能发生非凯恩斯效应。居民消费者可以根据其预期估计对政府财政调整做出最优反应。因此，本书也将分别运用凯恩斯主义理论和新古典理论分析财税政策对居民消费的作用机制和实证检验。

预期效应的产生是因为财政扩展和财政紧缩改变居民消费者的预期，体现在预期价格水平对消费者行为决策的影响，而且还体现在未来收入预期对消费者行为决策的影响。预期效应认为短期内财税政策可以通过投资效应对国民产出和居民消费产生挤入效应，但长期内会因消费者预期的逐步理性而变得无效。财政紧缩对居民消费产生扩张效应的可能性主要取决于财政紧缩能有效降低未来税负变动的不确定性和弥补财政紧缩对总需求和产出的直接负效应，使消费者减少其预防性储蓄，因为有利预期效应能够使消费者的跨期储蓄选择发生改变，财政紧缩的负面效应可能被减少或甚至消除，从而增加即期消费。预期效应不仅取决于财政紧缩的大小和持续时间长短，而且和预期的可信度直接相关。

2.1.2　财富效应

利率下降可以增加居民拥有的资产市场价值和储蓄的机会成本，

财富效应就产生于居民财富的增加。因此，财富效应主要取决于财政紧缩与利率之间的联系，即利率对财政紧缩的反应程度是否敏感。财富效应的产生导致居民消费与当前可支配收入的减少程度相关，而且财政紧缩对居民消费存在直接负效应。当永久性收入的正财富效应超过当前可支配收入的直接负效应，财政紧缩会导致居民消费总体上有效增加。拥有更高的永久性收入与较低的当前收入存在负相关关系，财政紧缩对居民消费的影响取决于流动性约束家庭所占的比重。在实际总产出不变的条件下，未来税收总量的增加将会减少居民的预期可支配收入或累计可支配收入，由于收入水平是决定居民消费的最重要因素，具有理性预期的消费者为了增加未来消费能力，从而减少即期消费和增加储蓄（长期消费），即税收收入挤入居民消费和产生财富正效应，政府财政支出挤出居民消费和产生财富负效应。

2.1.3　替代效应

理论上认为政府消费性支出与居民消费之间存在正相关关系，即政府消费性支出与居民消费是互补关系，替代效应的大小取决于政府消费性支出与居民消费之间的替代率，此时政府财政支出与居民消费表现为凯恩斯效应。此外，政府财政支出提供的公共产品因财政紧缩调整而减少政府提供的比重或者政府不再提供，政府支出对居民消费产生负相关关系，此时政府财政支出对居民消费表现为非凯恩斯效应，而且非凯恩斯效应的强弱与两者的替代率正相关。政府消费是居民消费的资源约束，政府消费的规模和比重适度调整可以消化掉公共部门的居民消费扩张。实际中遵从预算约束，政府财政支出增加需要通过税收收入作为弥补，政府支出的增加也未通过新古典路径来影响居民消费需求。

2.2   财税政策对居民消费影响的传导机制

2.2.1   税收政策对居民消费影响的传导机制

税收政策是实施宏观调控的重要手段，各国政府根据经济运行情况适时地采用相机抉择税收政策刺激居民消费需求。税收政策通过以市场为载体，借助价格机制、收入分配机制和利率机制等宏观经济变量实现对居民或企业等微观经济主体消费行为的调控。本章从理论上全面阐释税收政策对居民消费的作用机制，为了考察税收政策对居民消费的作用机理，假定经济体处于封闭状态。

在产品市场中，$Y = C + I + G = C + I_0 - ir + G$。其中，$Y$ 表示总收入，C 表示消费，I 表示投资，I_0 为自发性投资支出，i 为投资需求的利率弹性，且 $i > 0$，r 为利率，G 表示政府购买性支出。根据凯恩斯的绝对收入理论，消费 C 与收入 Y、转移支付 TR、税收 TA 之间的函数关系为：$Y = \dfrac{1}{\beta}(C - C_0) + TA - TR$。其中，$C_0$ 为自发性消费，β 为边际消费倾向，且 $0 < \beta < 1$。在货币市场中，利率 r 和均衡产出的关系方程为：$r = \dfrac{k}{h}Y - \dfrac{M}{hP}$，其中，$k$ 表示货币需求的收入弹性，$k > 0$，h 表示货币需求的利率弹性，$h > 0$。对模型参数设定经过整理可以得到：

$$C = \frac{1}{1 - \lambda\beta}\Big[C_0 + (\lambda\beta)I_0 + \lambda\beta\frac{iM}{P} \Big] + \frac{\beta}{1 - \lambda\beta}TR - \frac{\beta}{1 - \lambda\beta}TA + \frac{\lambda\beta}{1 - \lambda\beta}G$$

$$(2.1)$$

其中，$\lambda = \dfrac{h}{h + ik}$，由于参数 k、h 和 i 都大于 0，进一步可知 $0 < \lambda < 1$。

将 $\lambda = \dfrac{h}{h + ik}$ 代入式（2.1）可以得到，政府减少税收收入，传导机制为居民消费将会增加 $\dfrac{h\beta + ik\beta}{(1-\beta)h + ik}$ 个单位。根据理论模型推导税收政策对居民消费需求的传导机制。本质上政府税收收入相当于把居民可支配收入交付给政府，税收收入对居民收入和居民消费支出产生负效应，税收政策主要是通过收入负效应作用于居民消费：税收收入（TA）增加导致居民可支配收入（Y_d）下降，进而居民消费（C）也随之下降。

2.2.2 财政支出政策对居民消费影响的传导机制

凯恩斯的宏观经济理论蕴涵了政府可以通过变动支出影响居民消费的作用机制。凯恩斯的宏观经济理论认为，政府购买性支出增加将通过支出的乘数效应导致总产出以数倍于支出增量的增长。而产出增长的结果必然会伴随就业率的上升和居民收入的增加，根据凯恩斯的绝对收入理论（居民消费随着收入的增加而增加），此时居民消费就会增加，即意味着政府支出通过收入传导从而挤入了居民消费需求。其中，政府支出的乘数是总产出的增量和政府支出的增量之比。然而凯恩斯的乘数理论仅能够解释政府购买性支出为什么能够挤入居民消费，却无法解释像社会保障支出、财政补贴等转移性支出挤入居民消费的作用机理。因此，本书以下将通过修正的凯恩斯绝对收入模型全面阐释政府支出对居民消费的作用机制。

凯恩斯的收入决定模型考察的是政府支出与消费的关系，为了简化政府财政支出与其辖区内居民消费的关系，进一步假定是一个封闭的经济体，则收入决定模型为：

$$Y = AD = C + I + G \tag{2.2}$$

其中，Y 表示社会总收入，C 表示居民消费，I 表示政府投资，G 表示政府购买性支出。凯恩斯主义绝对消费理论认为，居民消费是可支配收入 Y_d 的线性函数，则居民消费 C 与社会总收入 Y、政府转移支付 TR、

政府税收收入 TA 之间的函数关系为：

$$C = C_0 + \beta(Y + TR - TA) \qquad (2.3)$$

将式（2.2）代入式（2.3）并求解得出：

$$C = C_0/(1 - \beta) + (I + G + TR - TA)/(1 - \beta) \qquad (2.4)$$

基于式（2-4），认为政府财政支出对居民消费需求的传导机制如下：

（1）政府购买性支出对居民消费的传导机制为：政府财政支出（G）增加导致社会总需求（D）的增加，总供给（S）增加导致就业（J）的增加，居民收入（Y）增加导致居民消费（C）的增加。

（2）政府转移性支出对居民消费的传导机制为：政府转移支付（TR）增加导致居民可支配收入（Y_d）、居民消费（C）和政府税收收入（TA）的增加，居民可支配收入（Y_d）下降导致居民消费（C）的下降。

2.3　我国财税政策及居民消费的现状分析

本书主旨在于通过理论探讨和实证分析，考察时间维度、空间维度以及第三方外部维度下财税政策对我国居民消费的影响效应。但是，由于目前国内对此问题的系统研究并不多见，因此，在对居民消费的财税政策效应影响机制进行梳理之后，有必要对我国财税政策、居民消费现状以及我国财税政策影响居民消费存在的问题进行分析说明，为下文实证研究和政策分析提供相应现实参考。

2.3.1　我国政府税收收入的现状分析

2.3.1.1　我国政府税收收入变动分析

我国存在大口径宏观税负水平（政府收入/GDP）、中口径（财政收入/GDP）和小口径（税收收入/GDP）三种宏观税负水平①。其中，政府收入包括预算内财政收入、预算外财政收入、社会保障基金收入以及各级政府及其部门向企业和个人收取的各种没有纳入预算内和预算外管理的制度外收入等。由于我国政府税外收费比重很大和"费挤税"现象严重，导致收入形式不规范。在我国，税收收入通常占整个财政收入的比重接近90%，研究者大多用税收收入占国内生产总值的比重来衡量宏观税负水平②。从1994年开始，我国的大、中、小三种口径的宏观税负水平都呈现逐年上升的趋势，1994~2012年，税收收入、财政收入和政府收入年均增长率分别的19.87%、20.61%和18.52%（见图2.1）。本书分析的是税收收入的宏观税负水平。

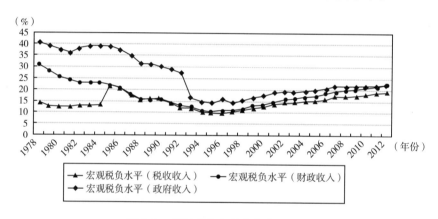

图2.1　我国政府宏观税负水平趋势

资料来源：根据相关年份的《中国统计年鉴》整理。

2.3.1.2　我国政府税收收入结构变动分析

对课税对象性质进行分类，研究我国税制结构特征及其演变趋势，借鉴储德银和闫伟（2012）的做法，按照 IMF 和 OECD 的税收制度分

---

① 2011年我国全面取消预算外资金，将所有政府性收入纳入预算管理。因此，2011年开始我国财政收入水平和政府收入水平是一致的。

② 资料来自《中国统计年鉴》。

类方法，将税收收入大致可以分为货物与劳务税（以下称之为商品税）、所得税、财产税和其他税四大类①。鉴于其他税的类型不统一并且波动较大，本书不将其列入分析范围，只选择商品税、所得税、财产税刻画与反映税制结构对居民消费水平的影响。

从图2.2可以看到，商品税占税收收入的比重从1994年的75.46%降为2012年的56.85%，但商品税在我国税收体系中仍占据着主体地位，这表明我国税制结构需要构建商品税和所得税并重的双主体税制结构；所得税占税收总收入的比重从1994年的13.82%上升到2012年25.32%，充分显示所得税在我国税制结构中的重要性；财产税占税收总收入的比重从1994年的0.63%上升到2012年10.46%。另外，我国税制结构中的其他税由于包含税种多数属于小税种而年度变动幅度较大，1994年、2002年和2012年分别为10.09%、10.51%和7.37%。

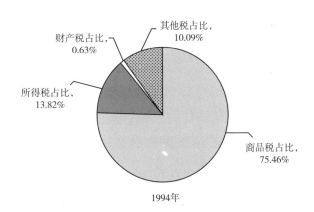

图2.2　我国政府税收收入结构变化饼状图

---

① 商品税包括增值税、消费税和关税；所得税包括企业所得税、个人所得税；财产税包括房产税、城镇土地使用税、耕地占用税、车船税、契税和土地增值税；其他税类包括没有被纳入商品税、所得税和财产税的其他税种。本书数据来源于相关年份的《中国统计年鉴》《中国财政年鉴》《中国税务年鉴》。

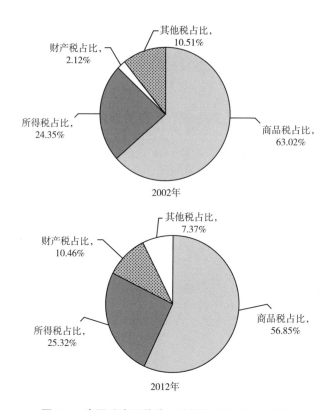

图 2.2　我国政府税收收入结构变化饼状图（续）

资料来源：根据相关年份的《中国统计年鉴》整理。

2.3.2　我国政府财政支出的现状分析

2.3.2.1　我国政府财政支出总量变动分析

财政支出规模是指政府财政支出总量，本书的财政支出规模用财政支出占国内生产总值的比重来表示。从图 2.3 可知，1978 年改革开放到 1994 年，财政支出增长速度通常慢于同期 GDP（即财政支出增长弹性系数小于 1），从而导致中国财政支出的"瓦格纳之谜"。改革开放初期，国家为调动市场微观经济主体的积极性，实行一系列放权让利的政策，导致财政收入增长相对放缓，国家财政支出项目减少；

此外，社会收入差距加大和财政监管缺失，这在一定程度上制约着国家财政支出的能力。由图 2.3 可知，我国财政支出/GDP 在 1978 ~ 2012 年呈现出不对称的 V 型变动。

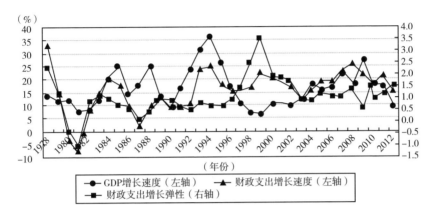

图 2.3　我国政府财政支出增长弹性变化趋势

资料来源：根据相关年份的《中国统计年鉴》整理。

2.3.2.2　我国政府财政支出结构变动分析

　　财政支出结构是指财政支出中不同性质和功能的支出组合以及各类支出在政府财政支出中所占的比重。本书根据政府财政预算表把具有相似功能或性质的支出项目归类，将政府财政支出划分为投资性支出、民生性支出和消费性支出（见表 2.1）。第一类是政府为了使经济更快发展或反经济周期而进行的投资性支出，称为投资性支出。投资性支出主要是作用于生产环节，在直接增加社会总需求的同时，一方面通过间接增加居民收入水平来带动居民消费水平，另一方面通过改善居民消费环境来放松其消费约束。政府投资性支出因为促进经济增长，增加居民就业和居民收入，进而有助于提高居民消费。第二类为政府提供公共产品或社会救助而进行的支出，这一类支出具有补贴低收入人群或为公众提供社会保障的功能，事实上起到了社会财富再分配的功能，称之为民生性支出。第三类是为了维护公共管理机构正常运转的支出，称之为消费性支出。政府消费性支出的增加会引起总需求增加，导致商品价格上升和居民的有效需求下降，政府消费性支出对于居民消费存在"挤出效应"。

表 2.1 我国财政支出结构关系对照

年份	政府职能	财政支出结构	具体用途
2006 年前（含 2006 年）	经济建设	投资性支出	基本建设支出类、企业挖潜改造资金类、简易建筑费类、地质勘探费类、科技三项费用类、流动资金类、海域开发建设和场地使用费支出、债务利息支出、车辆税费支出
	社会服务	民生性支出	支援农村生产支出类（农业支出）、农业综合开发支出（林业支出）、农林水利气象等部门的事业费类、城市维护费、文体广播事业费（文教事业费）、科学事业费、抚恤和社会福利救济费、行政事业单位离退休经费、社会保障补助支出、政策性补贴支出（价格补贴支出类）、支援不发达地区支出、卫生经费
	政治管理	消费性支出	其他部门事业费（税务统计财政审计等部门的事业费）、工业交通部门事业费、商业部门事业费（流通部门事业费）、国防支出、武装警察部队支出、公检法司支出、外交外事支出、专项支出、其他支出
2007 年后（含 2007 年）	经济建设	投资性支出	一般公共服务、交通运输、国债还本付息支出
	社会服务	民生性支出	教育、科学技术、文化体育与传媒、社会保障和就业、医疗卫生、环境保护（节能保护）、农林水事务、地震灾后恢复重建支出、国土资源气象等事务、住房保障支出
	政治管理	消费性支出	外交、国防、公共安全、金融监管等事务支出、工业商业金融等事务、采掘电力信息等事务（资源勘探电力信息等事务）、商业服务业等事务、粮油物资储备管理事务、其他支出

考虑到财政收支分类改革于 2007 年全面实施，财政支出项目口径变化很大（李友志，2006），2007 年前后政府财政支出的数据具有不可比性，本书以 2007 年为分水岭，对不同财政支出口径进行界定，分别按照政府职能进行归类，如表 2.1 所示。由图 2.4 可知：一是政府投资性支出比重从 1978 年的 64.08% 下降到 2012 年的 18.68%；二是政府民生性支出比重从 1978 年的 13.10% 上升到 2012 年的 54.77%；三是政府消费性支出维持在 20%~30% 之间。政府职能和公共事务的增加，政府消费性支出的平稳增长，其使用是一种物质财富的纯消耗，因此，不利于社会扩大再生产和居民消费增长。

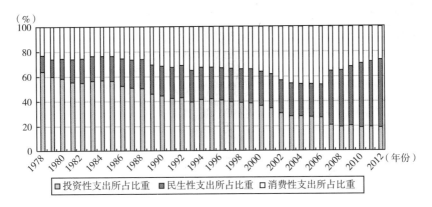

图 2.4　我国政府财政支出结构变化柱状图

资料来源：根据相关年份的《中国统计年鉴》整理。

2.3.3　我国居民消费水平的现状分析

改革开放以来我国经济实力显著增强，国民收入快速提升，城乡居民的物质文化生活水平不断改善，居民人均收入水平和消费水平不断提升。由《中国统计年鉴》知，从 1978~2012 年，城镇居民家庭人均可支配收入从 343 元增加到 15780.8 元；农村居民家庭人均纯收入从 133.6 元增加到 4760.6 元。收入水平的提升直接提高居民消费水平。1978~2012 年，全国居民人均消费水平、城镇居民人均消费水平和农村居民人均消费水平分别从 184 元、405 元和 138 元增加到 8183 元、13526 元和 3756 元，分别增加了 43.47 倍、32.40 倍和 27.22 倍。导致城镇居民消费需求不足和消费率下降的主要原因是平均消费倾向的降低。一方面，我国城镇居民收入占 GDP 的比重不断上升，表明国民收入分配中的城镇居民收入份额不断增加和城镇居民消费能力不断提升；另一方面，城镇居民平均消费倾向不断下降，对于处于转型时期我国城镇居民而言，频繁的改革使得收入预期不确定性加大，同时面临的风险日益剧增，再加上社会保障制度改革将多项支出成本转嫁给城镇居民，因此，城镇居民必须减少即期消费而增加预防性储蓄，所以城镇居民平均消费倾向不断降低是城镇居民消费需求减少的重要原因。其次，导致农村居民消费需求不足及消费率下降的主要原因是国民收入分配中的农村居民收入比重下降。研究期间农村居民人均纯收入水平增加速度慢于经济增长速度，其结果势必是农村居民收入在国民收入分配中的份额越来越低。因此，农村居民收入占 GDP 比重的下降抑制了农村居民消费能力的提高和消费需求的增加。综上分析可知，导致城乡居民消费需求不足与消费率下降的原因明显不同，城镇居民消费主要是受到平均消费倾向下降的影响，而农村居民消费是受农村居民收入占 GDP 比重下降的影响。所以从居民消费的总体来看，居民收入占 GDP 比重下降和居民平均消费倾向下降都是影响居民消费需求不足与消费率降低的主要原因。

2.4　本章小结

　　本章借助数理模型阐述财税政策与居民消费的函数关系，详细揭示了税收收入与财政支出规模与居民消费的理论模型。在此研究基础上进一步拓展理论分析，从税制结构（商品税、所得税和财产税）和财政支出结构（投资性支出、民生性支出和消费性支出）对居民消费进行理论分析和机制分析。本章的理论分析也为第 4～6 章的实证分析提供了相应理论依据。此外，我国以商品税为主体的税制结构以及投资性支出和消费性支出为主的财政支出结构在总体上不利于居民消费需求的扩张，今后以扩大居民消费需求为导向的优化税制结构和财政支出结构是我国亟待解决的问题。

第3章 财税政策对居民消费的影响及其传导机制研究

本章将消费税、劳动所得税、资本所得税和企业所得税四类税收加入家庭预算约束中，将政府消费性支出、政府投资性支出、政府服务性支出和政府转移支付支出加入家庭预算约束中，运用动态随机一般均衡（DSGE）分别研究四类税收和四类财政支出对居民消费和居民消费率的动态效应，并运用贝叶斯估计方法对动态参数进行估计，为研究财税政策对居民消费和居民消费率影响效应提供新的分析视角。

3.1 税收政策对居民消费的影响及传导机制研究

随着我国投资的快速增长和居民消费的相对滞后增长，供求失衡和产能过剩现象凸显，高投资和低消费的结构性矛盾成为制约我国经济可持续发展的主要问题，我国经济开始步入以调整带动发展的"三期叠加"新阶段，扩大以居民消费为主体的内需成为适应我国经济发展新常态的现实选择。苏珊阳与蜀（Susan Yang and Shu，2005）、梅尔滕斯和拉文（Mertens and Ravn，2010）运用DSGE模型研究税收政策对经济波动的动态效应；王文甫（2010）运用DSGE模型将税率引入经济波动分析中；武晓利（2014）运用DSGE模型就税收政策对居民消费的动态效应进行了研究。本节将影响家庭消费—投资行为的消费税、劳动所得税、资本所得税和企业所得税四类税收加入家庭的预算约束中，研究四类税收对居民消费和居民消费率的传导机制，并运用贝叶斯估计方法对动态参数进行估计。

3.1.1 模型构建

3.1.1.1 代表性家庭

假定经济体中存在无数个偏好相同的家庭，所有家庭均为同质、具有无限寿命且处于 [0，1] 的连续统中，代表性家庭在每一期通过选择消费、劳动供给、政府债券以及资本储蓄以最大化其终生效用。其效用函数为 CRRA 型，为了刻画政府支出对居民消费的影响，将政府支出引入居民效用函数中，即：

$$\max_{\{C_t, L_t, B_t, K_{t+1}\}} E_0 \sum_{t=0}^{\infty} \beta^t \left[\frac{(C_t G_t^{\mu})^{1-\sigma} - 1}{1 - \sigma} - \varphi \frac{L_t^{1+\phi}}{1 + \phi} \right] \tag{3.1}$$

其中，E_0 为初期的条件期望算子，$\beta \in (0,1)$ 为家庭主观贴现因子，σ、φ 和 ϕ 分别代表家庭风险规避系数、休闲的效用比率和劳动供给弹性的倒数，C_t、L_t、B_t 和 G_t 分别表示 t 期家庭的消费、劳动供给、债券拥有量和政府支出，μ 为政府支出与家庭消费之间的关系系数，K_{t+1} 分别为 $t+1$ 期家庭拥有的资本存量。

家庭面临的预算约束为：

$$(1 + \tau_t^c) C_t + I_t + B_t = (1 - \tau_t^l) W_t L_t + (1 - \tau_t^k) r_t K_t + R_{t-1} B_{t-1} \tag{3.2}$$

其中，$W_t L_t$ 表示家庭获得的名义工资收入，r_t 为资本利率，R_{t-1} 表示 $t-1$ 期的无风险名义利率。τ_t^c、τ_t^l、τ_t^k 分别为家庭缴纳的消费税率、劳动所得税率和资本税率。I_t 表示家庭在 t 期的投资，其与资本存量满足关系式：$I_t = K_{t+1} - (1-\delta) K_t$，其中，$\delta$ 为资本折旧率。通过求解代表性家庭的最优化问题，得到如下一阶条件：

$$\frac{G_t^{\mu(1-\sigma)} (1 + \tau_{t+1}^c) C_{t+1}^{\sigma}}{(1 + \tau_t^c) C_t^{\sigma} G_{t+1}^{\mu(1-\sigma)}} = \beta R_t \tag{3.3}$$

$$R_t = 1 - \delta + (1 - \tau_{t+1}^k) r_{t+1} \tag{3.4}$$

$$\frac{G_t^{\mu(1-\sigma)}}{(1 + \tau_t^c) C_t^{\sigma}} = \frac{\varphi L_t^{\phi}}{(1 - \tau_t^l) W_t} \tag{3.5}$$

3.1.1.2 代表性厂商

假定经济中所有厂商均为同质且拥有相同的生产技术，所有厂商均为完全竞争厂商，厂商通过从家庭部分租借资本和雇佣劳动，并采用如下柯布—道格拉斯型生产函数进行生产：

$$Y_t = A_t K_t^{\alpha} L_t^{1-\alpha} \tag{3.6}$$

其中，Y_t 表示厂商在 t 期的产出，α 表示资本产出弹性，A_t 代表技术进步，且服从以下技术 AR(1) 过程：

$$\ln A_t = (1 - \rho_A) \ln A + \rho_A \ln A_{t-1} + \eta_t^A, \eta_t^A \sim i.i.d. N(0, \sigma_A^2) \tag{3.7}$$

其中，A 为稳态时的技术水平，η_t^A 表示随机扰动项。假设 t 时期厂商每单位产出需缴纳 τ_t^q 企业所得税，这样厂商将通过选择资本和劳动力以追求自身税后利润最大化，其面临的最优化问题为：

$$\max_{\{K_t, L_t\}} (1 - \tau_t^q) A_t K_t^{\alpha} L_t^{1-\alpha} - r_t K_t - W_t L_t \tag{3.8}$$

通过求解该最优化问题，得到如下最优要素条件：

$$r_t = \alpha(1 - \tau_t^q) A_t K_t^{\alpha-1} L_t^{1-\alpha} \tag{3.9}$$

$$W_t = (1 - \alpha)(1 - \tau_t^q) A_t K_t^{\alpha} L_t^{-\alpha} \tag{3.10}$$

3.1.1.3 政府部门

政府部门的收入主要来源于各项税收和债券融资，并全部用于政府支出，其满足如下预算约束条件：

$$\tau_t^c C_t + \tau_t^l W_t L_t + \tau_t^k r_t K_t + \tau_t^q Y_t + B_t - R_{t-1} B_{t-1} = G_t \tag{3.11}$$

对于政府支出 G_t 的表达式，借鉴邓红亮和陈乐一（2019）的研究，将其设定为：

$$G_t = (1 - 1/\mu_t^g)Y_t \qquad (3.12)$$

其中，μ_t^g 表示政府支出冲击，并假定其满足如下 AR（1）过程：

$$\ln\mu_t^g = (1 - \rho_g)\ln\mu^g + \rho_g\ln\mu_{t-1}^g + \eta_t^g, \eta_t^g \sim i.i.d. N(0, \sigma_g^2)$$
$$(3.13)$$

其中，μ^g 为稳态时的政府支出冲击，η_t^g 表示随机扰动项，服从均值为 0、标准差为 σ_g 的正态分布。假设所有税收冲击均为外生，借鉴王文甫和王子成（2012）的研究，将四类税率冲击设定为服从以下 AR（1）过程：

$$\ln\tau_t^j = (1 - \rho_j)\ln\tau^j + \rho_j\ln\tau_{t-1}^j + \hat{\eta}_t^j, \hat{\eta}_t^j \sim i.i.d. N(0, \sigma_j^2)$$
$$(3.14)$$

其中，τ^j 表示四类税率的稳态值，ρ_j 为对应税收冲击的持续性系数，$\hat{\eta}_t^j$ 为冲击的随机扰动项，且服从均值为 0、标准差 σ_j 的正态分布。

3.1.1.4　市场出清

要使整个经济系统达到均衡，需满足以下市场出清条件：

$$Y_t = C_t + I_t + G_t \qquad (3.15)$$

3.1.2　模型参数校准、贝叶斯估计与动态分析

参照卜志村和杨源源（2016）的研究，将家庭主观贴现因子 β 和劳动供给弹性的倒数 φ 分别校准为 0.962 和 1.5。对于家庭风险规避系数 σ 校准为 0.77。借鉴武晓利和晁江锋（2014）的研究，将家庭休闲的效用比率 ϕ、政府支出与家庭消费之间的关系系数 μ 以及资本折旧

率 δ 分别设定为 1.38、0.318 和 0.12。对于资本产出弹性系数 α，参照张军（2003）的估计值，校准为 0.55。此外，对于消费税率、劳动所得税率、资本税率以及企业所得税率的稳态值，本书利用实际观测数据分别校准为 0.09、0.05、0.27 和 0.12。类似的，对于稳态时消费、投资和政府支出与产出之比，利用实际数据分别校准为 0.48、0.44 和 0.28。结果如表 3.1 所示。

表 3.1　　　　　　　　　　税收政策静态参数的校准结果

参数	β	φ	σ	ϕ	μ	δ	α	τ^c	τ^l	τ^k	τ^q	C/Y	I/Y	G/Y
校准值	0.962	1.5	0.77	1.38	0.318	0.12	0.55	0.09	0.05	0.27	0.12	0.48	0.44	0.28

为有效估计模型中待估参数的值，本书采用贝叶斯估计方法进行估计，在估计之前需要设定各待估参数的先验分布函数。本章将技术冲击和四类税收冲击的一阶自相关系数均设定为服从均值为 0.6、标准差为 0.2 的 Beta 分布，对应冲击的标准差均假设服从均值为 0.05、标准差为 1 的 Inverse Gamma 分布。估计过程中所选取的观测序列为 1978~2016 年的总产出和消费，为与模型变量相匹配，我们利用 HP 滤波对观测变量进行了处理，由此得到的各变量周期成分最终用于本书的参数估计。估计的结果如表 3.2 所示。

表 3.2　　　　　　　　税收政策政策参数估计的贝叶斯结果

参数	参数描述	先验分布	先验均值	后验均值	95% 置信区间
ρ_A	技术冲击的一阶自回归系数	Beta	0.6	0.6342	[0.5031，0.7782]
ρ_c	消费税冲击的一阶自回归系数	Beta	0.6	0.6756	[0.4252，0.9561]
ρ_l	劳动税冲击的一阶自回归系数	Beta	0.6	0.5818	[0.2689，0.8937]
ρ_k	资本税冲击的一阶自回归系数	Beta	0.6	0.3474	[0.1352，0.6195]
ρ_q	企业所得税冲击的一阶自回归系数	Beta	0.6	0.5131	[0.2069，0.7799]
ρ_g	政府支出冲击的一阶自回归系数	Beta	0.6	0.3236	[0.2866，0.3713]
σ_A	技术冲击的标准差	Inv. Gamma	0.05	0.0115	[0.0088，0.0135]
σ_c	消费税冲击的标准差	Inv. Gamma	0.05	0.0322	[0.0122，0.0504]

参数	参数描述	先验分布	先验均值	后验均值	95%置信区间
σ_l	劳动税冲击的标准差	Inv. Gamma	0.05	0.0370	[0.0128, 0.0658]
σ_k	资本税冲击的标准差	Inv. Gamma	0.05	0.0418	[0.0121, 0.0940]
σ_q	企业所得税冲击的标准差	Inv. Gamma	0.05	0.0379	[0.0131, 0.0624]
σ_g	政府支出冲击的标准差	Inv. Gamma	0.05	0.2174	[0.1769, 0.2607]

3.1.2.1 税收政策对居民消费的动态效应分析

下面分别讨论给定1%单位的正向冲击，消费税、劳动所得税、资本所得税和企业所得税对居民消费的动态效应。由图3.1可知：

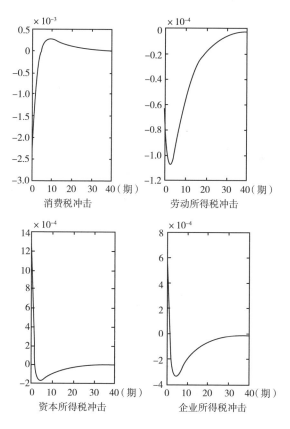

图3.1 居民消费对税收政策冲击的脉冲响应

（1）消费税对居民消费冲击的初始状态为 -2.5×10^{-3}，在第 5 期快速地回到零点状态，第 6 期到第 10 期缓慢地上升，随后第 11 期逐步回归到零点状态并呈现出缓慢的下降趋势；消费税对居民消费冲击总体上呈现负向影响。

（2）劳动所得税对居民消费冲击的初始状态为 -0.8×10^{-4}，第 2 期降到最低点 -1.14×10^{-4}，在第 3 期到第 40 期逐步回归到零点状态；劳动所得税对居民消费冲击总体上呈现长期的负向影响。

（3）资本所得税对居民消费冲击的初始状态为 9×10^{-4}，在第 1 期迅速降为 -2×10^{-4}，随后逐步回归到零点状态；资本所得税对居民消费冲击总体上呈现正向影响。

（4）企业所得税对居民消费冲击的初始状态为 6×10^{-4}，在第 2 期快速降为 -3.5×10^{-4}，随后逐步向零点状态靠近；企业所得税对居民消费冲击总体上呈现长期的负向影响。

3.1.2.2　税收政策对居民消费率的动态效应分析

下面分别讨论给定 1% 单位的正向冲击，消费税、劳动所得税、资本所得税和企业所得税对居民消费率的动态效应[①]。由图 3.2 可知：

（1）消费税对居民消费率冲击的初始状态为 -2.5×10^{-3}，在第 5 期快速地回到零点状态，第 6 期到第 10 期缓慢地上升，随后第 11 期逐步回归到零点状态并呈现出缓慢的下降趋势；消费税对居民消费率冲击总体上呈现负向影响。

（2）劳动所得税对居民消费率冲击的初始状态为 8×10^{-4}，第 2 期到第 5 期快速地回到零点状态，从第 6 期开始呈现平稳的发展趋势。

（3）资本所得税对居民消费率冲击的初始状态为 6×10^{-3}，第 2 期到第 5 期快速地回到零点状态，从第 6 期开始呈现平稳的发展趋势。

（4）企业所得税对居民消费率冲击的初始状态为 5×10^{-3}，第 2 期

---

① 居民消费率定义为居民最终消费占居民可支配收入的比重。

到第 5 期快速地回到零点状态，从第 6 期开始呈现平稳的发展趋势。

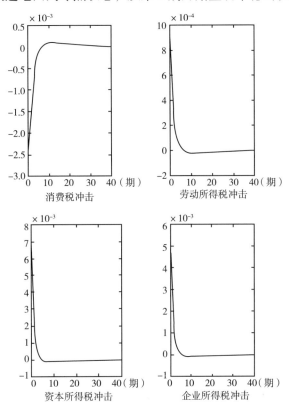

图 3.2　居民消费率对税收政策冲击的脉冲响应

3.2　财政支出政策对居民消费影响及传导机制研究

关于财政支出政策对居民消费影响效应的研究主要有以下三个方面：第一，财政支出政策对居民消费具有挤出效应（申琳和马丹，2007；徐忠等，2010）；第二，财政支出政策对居民消费具有挤入效应（潘彬等，2006；胡永刚和郭新强，2012；彭晓莲和李玉双，2013）；第三，财政支出结构对居民消费具有挤入效应。然而，不同财政支出类型对居民消费具有不同效应。政府投资性支出对居民消费产生挤出效应；政府消费性支出对居民消费具有挤出效应（李建强，2012）。麦格拉坦等（McGrattan et al.，1997）、埃德伯格等（Edelberg et al.，1999）运用 DSGE 模型研究财政支出政策对经济波动的动态效应；林内曼和沙伯特（Linnemann and Schabert，2004）、科宁和斯特劳布（Coenen and Straub，2005）、布瓦克斯和丽比（Bouakez and Rebei，2007）运用 DSGE 模型研究财政支出政策与居民消费的动态效应。因此，本节将政府消费性支出和政府转移支付加入家庭部门，将政府投资性支出和政府服务性支出加入厂商部门，研究四种类型财政支出对居民消费和消费率的传导机制，并运用贝叶斯估计方法对动态参数进行估计。

3.2.1 模型构建

本节将政府支出区分为消费性支出、投资性支出、服务性支出以及转移支付支出四类，并将其纳入动态随机一般均衡模型框架，以考察不同类型的政府支出对居民消费的动态影响。模型中包含三类经济主体，分别为代表性家庭、代表性厂商和政府部门。其中，家庭通过每期向厂商提供资本和劳动获得资本租金和劳动工资，并向政府交纳一次性税收；厂商提供雇佣劳动和租赁资本，并结合政府服务性支出和投资性支出进行生产，生产出来的产品按照一定比例向政府缴纳税收；政府部门向家庭和厂商征收的税收全部用于四类支出（王云清和朱启贵，2012）。

3.2.1.1 代表性家庭

家庭面临的预算约束为：

$$C_t + I_t + B_t = W_t L_t + r_t K_t + R_{t-1} B_{t-1} + G_{zt} - T_t \qquad (3.16)$$

其中，$W_t L_t$ 表示家庭获得的名义工资收入，r_t 为资本利率，R_{t-1} 表示 $t-1$

期的无风险名义利率。τ_t^c、τ_t^l、τ_t^k 分别为家庭缴纳的消费税率、劳动所得税率和资本税率。I_t 表示家庭在 t 期的投资，其与资本存量满足关系式：$I_t = K_{t+1} - (1-\delta)K_t$，其中，$\delta$ 为资本折旧率。通过求解代表性家庭的最优化问题，得到如下一阶条件：

$$\frac{G_{ct}^{\mu(1-\sigma)} C_{t+1}^{\sigma}}{C_t^{\sigma} G_{c,t+1}^{\mu(1-\sigma)}} = \beta R_t \tag{3.17}$$

$$R_t = 1 - \delta + r_{t+1} \tag{3.18}$$

$$\frac{G_{ct}^{\mu(1-\sigma)}}{C_t^{\sigma}} = \frac{\phi L_t^{\varphi}}{W_t} \tag{3.19}$$

3.2.1.2　代表性厂商

假定经济中所有厂商均为同质且拥有相同的生产技术，所有厂商均为完全竞争厂商，厂商通过从家庭部分租借资本和雇佣劳动，并采用柯布—道格拉斯型生产函数进行生产：

$$Y_t = A_t K_t^{\alpha_1} L_t^{1-\alpha_1} G_{st}^{\alpha_2} K_{gt}^{\alpha_3} \tag{3.20}$$

其中，Y_t 表示厂商在 t 期的产出，α 表示资本产出弹性，A_t 代表技术进步，且服从以下技术 AR(1) 过程：

$$\ln A_t = (1-\rho_A)\ln A + \rho_A \ln A_{t-1} + \eta_t^A, \eta_t^A \sim i.i.d. N(0, \sigma_A^2) \tag{3.21}$$

其中，A 为稳态时的技术水平，η_t^A 表示随机扰动项。类似于私人资本，政府资本存量 K_{gt} 满足如下动态方程：

$$K_{gt+1} = G_{it} + (1-\delta_g)K_{gt} \tag{3.22}$$

其中，G_{it} 表示政府在 t 期的投资，δ_g 为政府资本折旧率。假设 t 时期厂商每单位产出需缴纳 τ 企业所得税，这样厂商将通过选择资本和劳动力以追求自身税后利润最大化，其面临的最优化问题为：

$$\max_{\{K_t, L_t\}} (1 - \tau) A_t K_t^{\alpha_1} L_t^{1-\alpha_1} G_{st}^{\alpha_2} K_{gt}^{\alpha_3} - r_t K_t - W_t L_t \qquad (3.23)$$

通过求解该最优化问题，得到如下最优要素条件：

$$r_t = \alpha(1 - \tau) A_t K_t^{\alpha_1 - 1} L_t^{1-\alpha_1} G_{st}^{\alpha_2} K_{gt}^{\alpha_3} \qquad (3.24)$$

$$W_t = (1 - \alpha)(1 - \tau) A_t K_t^{\alpha_1} L_t^{-\alpha_1} G_{st}^{\alpha_2} K_{gt}^{\alpha_3} \qquad (3.25)$$

3.2.1.3　政府部门

政府部门的收入主要来源于各项税收和债券融资，并全部用于政府支出，其满足如下预算约束条件：

$$T_t + \tau Y_t + B_t - R_{t-1} B_{t-1} = G_{ct} + G_{zt} + G_{it} + G_{st} \qquad (3.26)$$

为重点考察不同政府支出对居民消费的影响，我们假定当模型处于均衡状态时，一次性税收为一固定不变的常数，政府债券余额为零。假设四类政府支出冲击均为外生，将四类税率冲击设定为服从以下 AR(1) 过程：

$$\ln G_{ct} = (1 - \rho_c) \ln G_c + \rho_c \ln G_{c,t-1} + \hat{\eta}_t^c, \hat{\eta}_t^c \sim i.i.d. N(0, \sigma_c^2)$$
$$\qquad (3.27)$$

$$\ln G_{zt} = (1 - \rho_z) \ln G_z + \rho_z \ln G_{z,t-1} + \hat{\eta}_t^z, \hat{\eta}_t^z \sim i.i.d. N(0, \sigma_z^2)$$
$$\qquad (3.28)$$

$$\ln G_{it} = (1 - \rho_i) \ln G_i + \rho_i \ln G_{i,t-1} + \hat{\eta}_t^i, \hat{\eta}_t^i \sim i.i.d. N(0, \sigma_i^2)$$
$$\qquad (3.29)$$

$$\ln G_{st} = (1 - \rho_s) \ln G_s + \rho_s \ln G_{s,t-1} + \hat{\eta}_t^s, \hat{\eta}_t^s \sim i.i.d. N(0, \sigma_s^2)$$
$$\qquad (3.30)$$

其中，$G_j(j = \{c, z, i, s\})$ 表示四类政府支出的稳态值，ρ_j 为对应支出冲击的持续性系数，$\hat{\eta}_t^j$ 为冲击的随机扰动项，且服从均值为 0、标准差 σ_j 的正态分布。

3.2.1.4　市场出清

要使整个经济系统达到均衡，需满足以下市场出清条件：

$$Y_t = C_t + I_t + G_{ct} + G_{it} + G_{st} \tag{3.31}$$

3.2.2　模型参数校准、贝叶斯估计与动态分析

对于资本产出弹性系数 α_1、政府服务性支出的产出弹性系数 α_2 和政府资本的产出弹性系数 α_3，分别校准为 0.55、0.15 和 0.21。此外，对于稳态时税收、私人消费、私人投资和政府转移支付支出与产出之比，利用实际数据分别校准为 0.142、0.48、0.44 和 0.011。如表 3.3 和表 3.4 所示。

表 3.3　　　　　　　　　财政支出政策静态参数的校准结果

参数	β	φ	σ	ϕ	μ	δ	α_1	δ_g	α_2	α_3	τ	C/Y	I/Y	G_z/Y
校准值	0.962	1.5	0.77	1.38	0.318	0.12	0.55	0.05	0.15	0.21	0.142	0.48	0.44	0.011

表 3.4　　　　　　　　　财政支出政策参数估计的贝叶斯结果

参数	参数描述	先验分布	先验均值	后验均值	95%置信区间
ρ_A	技术冲击的一阶自回归系数	Beta	0.6	0.7036	[0.5039, 0.9648]
ρ_c	政府消费支出冲击的一阶自回归系数	Beta	0.6	0.9845	[0.9836, 0.9854]
ρ_i	政府投资支出冲击的一阶自回归系数	Beta	0.6	0.5249	[0.2237, 0.8380]
ρ_s	政府服务支出冲击的一阶自回归系数	Beta	0.6	0.6224	[0.3785, 0.9437]
ρ_z	转移支付支出冲击的一阶自回归系数	Beta	0.6	0.5868	[0.2848, 0.9242]
σ_A	技术冲击的标准差	Inv. Gamma	0.05	0.0076	[0.0060, 0.0090]
σ_c	消费税冲击的标准差	Inv. Gamma	0.05	3.4471	[2.7250, 4.1263]
σ_i	劳动税冲击的标准差	Inv. Gamma	0.05	0.0368	[0.0121, 0.0623]
σ_s	资本税冲击的标准差	Inv. Gamma	0.05	0.0173	[0.0105, 0.0234]
σ_z	企业所得税冲击的标准差	Inv. Gamma	0.05	0.0336	[0.0143, 0.0547]

3.2.2.1　财政支出政策对居民消费的动态效应分析

下面分别讨论给定 1% 单位的正向冲击，政府消费性支出、政府投资性支出、政府服务性支出和政府转移支付支出对居民消费的动态效应。由图 3.3 可知：

（1）政府消费性支出对居民消费冲击的初始状态为 7×10^{-4}，在第 5 期快速地下降到 -1×10^{-4}，第 6 期逐步回归到零点状态；政府消费性支出对居民消费冲击总体上呈现负向影响。

（2）政府投资性支出对居民消费冲击的初始状态为 -0.1×10^{-4}，从第 2 期逐步上升到第 15 期的 2.5×10^{-4}，而后逐步下降到 1.5×10^{-4}；政府投资性支出对居民消费冲击总体上呈现正向影响。

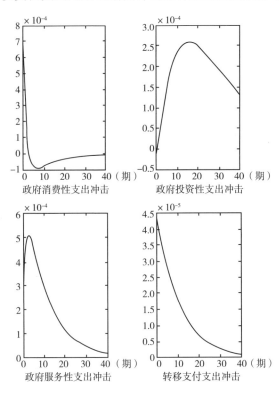

图 3.3　居民消费对财政支出政策冲击的脉冲响应

（3）政府服务性支出对居民消费冲击的初始状态为 4×10^{-4}，在第 2 期快速地上升到 5×10^{-4}，而后逐步回归到零点状态；政府服务性支出对居民消费冲击总体上呈现正向影响。

（4）政府转移支付支出对居民消费冲击的初始状态为 4.3×10^{-5}，随后逐步向零点状态靠近；政府转移支付支出对居民消费冲击总体上呈现长期的正向影响。

3.2.2.2　财政支出政策对居民消费率的动态效应分析

下面分别讨论给定 1% 单位的正向冲击，政府消费性支出、政府投资性支出、政府服务性支出和政府转移支付支出对居民消费率的动态效应。由图 3.4 可知：

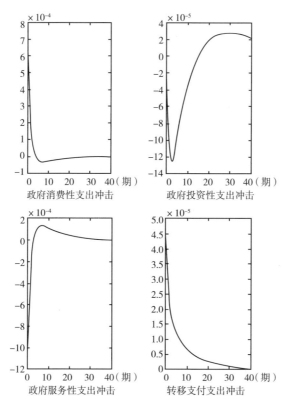

图 3.4　居民消费率对财政支出政策冲击的脉冲响应

（1）政府消费性支出对居民消费率冲击的初始状态为 7×10^{-4}，在第 5 期快速地下降到 -0.3×10^{-4}，第 6 期逐步回归到零点状态；政府消费性支出对居民消费率冲击总体上呈现负向影响。

（2）政府投资性支出对居民消费率冲击的初始状态为 -4×10^{-4}，从第 2 期快速下降到 -12×10^{-5}，而后逐步上升到第 30 期的 2.3×10^{-5}，而后逐步下降到 2×10^{-5}；政府投资性支出对居民消费率冲击总体上呈现正向影响。

（3）政府服务性支出对居民消费率冲击的初始状态为 -10×10^{-4}，在第 2 期快速上升到第 5 期的 1×10^{-4}，而后逐步回归到零点状态；政府服务性支出对居民消费率冲击总体上呈现正向影响。

（4）政府转移支付支出对居民消费率冲击的初始状态为 4.5×10^{-5}，随后逐步向零点状态靠近；政府转移支付支出对居民消费冲击总体上呈现长期的正向影响。

3.2.2.3 政府财政支出政策传导机制分析

根据动态一般均衡模型（DSGE）就财政支出政策对居民消费和居民消费率的数值模拟结果，可以得到以下结论：

（1）政府消费性支出对居民消费和居民消费率冲击总体上呈现负向影响，这说明政府消费性支出的增加会对居民消费产生挤出效应。政府消费性支出的外部性会提高居民消费和居民消费率；然而，政府消费性支出的增加会导致科教文卫等服务性支出的减少，政府对经济资源配置的优化和收入分配作用减弱。

（2）政府消费性支出对居民消费和居民消费率冲击总体上呈现正向影响，这说明政府投资性支出的增加会对居民消费和居民消费率产生挤入效应。政府投资性支出的增加在短期内能够提高就业机会和促进经济增长，提高居民收入水平和刺激居民消费；然而，投资和收入增长幅度要高于消费增长幅度。因此，政府投资性支出在中长期会导致居民消费率的下降。

（3）政府服务性支出对居民消费和居民消费率冲击总体上呈现正向影响，这说明政府服务性支出的增加对居民消费和居民消费率产生挤入效应。政府服务性支出的增加意味着居民减少在科教文卫等方面的支出，且未来不确定性因素减少、居民收入水平提高，居民增加消费和减少预防性储蓄。因此，政府服务性支出增加在中长期上会提高居民消费和居民消费率。

（4）政府转移支付支出对居民消费和居民消费率冲击总体上呈现正向影响，这说明政府转移支付支出的增加对居民消费和居民消费率产生挤入效应。政府转移支付支出的增加能够改善居民的收入预期和居民消费行为，进而居民消费和居民消费率会提高。

3.3　结论与政策建议

我国经济快速发展导致投资与消费失衡，居民消费与消费率偏低是阻碍经济转型的客观因素。财税政策为优化资源配置和调节收入分配的重要手段，优化税收结构和调整政府支出结构能够影响到"投资—消费"行为，进而影响居民消费率。本章将消费税、劳动所得税、资本所得税和企业所得税四类税收加入家庭预算约束中，将政府消费性支出、政府投资性支出、政府服务性支出和政府转移支付加入家庭预算约束中，研究四类税收、四类财政支出对居民消费和消费率的传导机制，并运用贝叶斯方法进行参数估计。研究发现：

（1）消费税、劳动所得税、企业所得税对居民消费和居民消费率冲击总体上呈现负向影响；资本所得税对居民消费和居民消费率冲击总体上呈现正向影响。

（2）政府消费性支出对居民消费和居民消费率冲击总体上呈现负向影响；政府投资性支出、政府服务性支出、政府转移支付支出对居民消费和居民消费率冲击总体上呈现正向影响。

　　通过以上研究结论，本书提出如下政策建议：第一，政府应调整消费税的征收范围，提高资本利得税，调节不同收入水平居民的税负程度，加大对中小企业的税收优惠政策力度，实现调节收入分配的作用。第二，增加服务性支出（如科教文卫等）和减少政府消费性支出；促使政府投资性支出结构合理化，避免造成产能过剩问题；改革现有政府转移支付制度，缩小收入差距和提高政府财政支出效率，充分发挥财税政策在提高居民消费方面的作用。

第4章 财税政策对居民消费的非对称性效应

新古典主义研究发现财税政策存在非凯恩斯效应，考虑到各国具体国情和不同主体具体分析得出的财政政策效应及财政稳健性会有不同的结论，因此，在对我国财税政策进行分析时必须理顺和全面探索我国财税政策在操作效果层面上的规律性和特征。面对1997年亚洲金融风暴和2008年国际金融风暴，我国财税政策从积极转向稳健再转向积极。那么，在转换过程中财税政策对我国居民消费是起到凯恩斯效应还是非凯恩斯效应呢？

本章将以第2章和第3章财税政策影响居民消费的理论模型和现实状况为基础，通过借鉴和改进财税政策效应的实证思路，构建包含税收政策、财政支出政策对中国居民消费水平影响的规模效应和结构效应的动态面板系统 GMM 计量估计模型，并以 1999~2012 年我国 31个省级地区作为研究对象进行实证研究，多方面地考察财税政策对中国居民消费水平的影响效应。

4.1 引言

凯恩斯主义认为政府运用"有形之手"（政府减少税收或增加财政支出）对居民消费需求进行管理，从而刺激或者抑制产出增长，也就是财税政策对居民消费和经济增长存在凯恩斯效应抑或是非凯恩斯效应（Lucas，1976）。面对以新古典学派为主的各种批评，新凯恩斯主义经济学家提出将短期价格黏性、不完全理性预期和货币非中性等经济特征引入动态随机一般均衡模型，利用新新古典综合（new neo-

classical synthesis）框架分析财政政策对产出和私人消费的影响效应
（Akerlof，1985）。目前不同流派研究财税政策影响效应时因采用不同
的理论假设而产生分歧。卢卡斯（Lucas，1973）、费尔德斯坦（Feld-
stein，1982）认为，当经济达到或接近于充分就业状态时，因受制于
有限供给约束，政府实施减税或增加财政支出的扩张性财税政策的结
果会导致价格水平的普遍上涨，此时财税政策对社会潜在产出水平无
任何影响。因价格水平上升而产生的财税政策对经济产出和居民消费
的影响效应不仅会抵消扩张性财税政策对总需求的增加效应，甚至还
会扭曲居民消费或投资决策行为，从而导致居民消费不足，即财政政
策产生非凯恩斯效应。他们主要从财税政策与居民消费的非对称性角
度进行文献回顾。财税政策效应的非对称性是指在经济周期的不同阶
段对居民消费产生不同的影响效果。贾瓦齐和帕加诺（Giavazzi and
Pagano，1990）研究发现，基本结构预算余额占潜在 GDP 的比率在
5%左右呈现出非对称性现象：累积变化超过 5% 时，政府消费与居民
消费互为负相关；相反，累积变化低于 5% 时，政府消费与居民消费
互为正相关关系。阿丰索（Afonso，2001）提出在财政扩张与紧缩期
间政府税收收入与财政支出对居民消费的影响效应具有非对称性，然
而此研究没有对政府税收收入与财政支出进行分类，从而缺乏各类税
种和不同性质财政支出对居民消费的非对称性研究。西奥斯（Athana-
sios，2003）研究发现，在消费者信用市场欠发达国家，政府削减税收
收入和增加政府转移支付支出未能提高在经济衰退期受流动性约束的
消费者预期的额外收入，从而导致财税政策在经济增长时期对居民消
费的刺激效用要比在经济衰退期更加有效。贾瓦齐（Giavazzi，2004）
研究发现，税收收入和政府消费在财政扩张与财政紧缩时期对居民
消费需求的影响效应具有非对称性，研究进一步发现财政紧缩时期
税收收入和政府消费对居民消费需求的影响效应要比财政扩张时期
强。随后何宗武（Ho，2001a）结合马尔可夫体制转换模型对中国台
湾 1960～2000 年的数据分析显示，在 1980 年以前财政支出对居民消

费由挤入效应主导；但在 1980 年后则刚好相反，由挤出效应变为了主导。

近年来国内文献也开始出现研究财税政策对居民消费的非对称性效应的内容。刘金全（2003）通过对经济周期状态的划分和度量，研究发现我国财政收入和财政支出在经济扩张期和经济紧缩期具有阶段性和非对称迹象。李永友（2008）通过对稳定性财政政策宏观调控的长短期效应进行研究发现，充当稳定经济角色的财政政策可能存在凯恩斯效应、需求中性效应以及非凯恩斯效应，对特定条件下财政政策的制定，需要做事前预测。王立勇和李富强（2009）通过脉冲响应函数研究发现，我国相机抉择财政政策的产出效应和通货膨胀效应均具有明显的非对称性。储德银和崔莉莉（2014）采用非线性门限 SVAR 模型与广义脉冲函数研究发现，财政政策冲击在"好"与"坏"两种时期对实际产出的冲击效果具有非常明显的非对称性凯恩斯效应。张五六（2012）通过内生性门限 CM 模型研究发现，经济景气繁荣区域内农村居民具有较高的储蓄倾向，从而不利于居民消费倾向；然而经济繁荣区域内居民消费具有的损失规避特征要比在经济疲软区域内强，说明农村居民消费敏感性在经济景气区域中是不对称的。储德银和闫伟（2011）研究认为，财政政策对居民消费需求的凯恩斯效应与新古典效应有可能相互共存；然后运用 24 个 OECD 发达国家 1980～2007 年的跨国数据，研究发现政府消费、税收和转移支付在财政平稳时期的总效应表现为凯恩斯效应，财政调整时期（财政扩张或者财政紧缩）的总效应则为非凯恩斯效应，由此可以推断出财政政策工具对居民消费需求在不同财政时期具有显著的非对称性，不同财政时期何种效应处于支配地位才是制定财政政策的关键。储德银和童大龙（2012）实证检验了财政政策冲击对居民消费产生的影响作用。实证结果表明，在"坏"的时期，政府运用财政政策扩大居民消费需求的影响效应绝对幅度相对较大。产生非对称性效应的原因很多，科学抉择政策取向和把握政策力度和节奏是制定财政政策的关键。

综观现有研究，研究者大多通过理论分析、模型推导与实证检验就财税政策对居民消费水平的影响进行研究，进而提出有利于促进居民消费水平的财税政策建议，但学者在考察居民消费水平的财税政策因素及效果时，大多建立在效应对称性和参数同质性的假设前提下，而忽略了财税政策与居民消费的非对称性与参数异质性。本章以我国港澳台地区以外的 31 个省区市 1999 ~ 2012 年财税政策与居民消费水平的数据为样本，首先就我国财政政策潜在时期划分作出判断，然后通过构建动态效应面板数据模型（系统 GMM 估计方法）就财税政策对居民消费水平在财政平稳时期和财政调整时期（财政紧缩时期和财政扩张时期）的凯恩斯效应和非凯恩斯效应进行参数估计，由此实证检验财税政策对居民消费水平非对称性效应的存在性。

本章相关原始数据来源于历年《中国财政年鉴》《中国统计年鉴》《新中国六十年统计资料汇编》和各省区市统计年鉴；商品房销售价格来源于国家统计数据库。考虑到各省区市在 1999 ~ 2012 年均先后经历了通货膨胀或通货紧缩，为了增强实证检验结果的可信度，所有变量均以 1999 年为基期利用价格指数进行平减，为了消除异方差和量纲问题，对所有变量取自然对数，以进一步增加数据的平稳性。此外，数据中涉及的比值按照每年水平值计算而成。

税收政策因素，采用人均税收收入（tax_re_{it}）和税制结构变量反映税收政策变量。人均税收收入，以人均地方税收收入表示地方政府收入因素，控制人口因素对财政资源在中央与地方之间分配的影响；税制结构变量，按照 IMF 和 OECD 的税收制度分类方法，将税收收入大致分为货物与劳务税（以下称之为商品税）、所得税、财产税和其他税四大类。鉴于其他税的类型不统一性并且波动较大，对居民消费水平的影响相对较小，不列入本书分析范围。因此，本书主要分析人均商品税（$product\_tax_{it}$）、人均所得税（$income\_tax_{it}$）和财产税（$property\_tax_{it}$）对居民消费水平的影响作用。

财政支出因素，采用人均财政支出（$fiscal\_size_{it}$）和财政支出结构变量反映财政支出政策变量。以人均地方政府财政支出表示政府规模变量（$fiscal\_ex_{it}$）；财政支出结构变量根据政府财政预算表把具有相似功能或性质的支出项目归类，分为政府投资性支出（$fiscal\_invest_{it}$）、政府民生性支出（$fiscal\_transfer_{it}$）和政府消费性支出（$fiscal\_manange_{it}$）（均以人均量表示）。政府人均投资支出表示政府为了使经济更快发展或反经济周期而进行的投资性支出，政府人均民生支出表示政府提供公共产品或社会救助而进行的支出，政府人均消费性支出表示为了维护公共管理机构正常运转的支出。

控制变量包括：

（1）收入水平（$income_{it}$）。收入增长是拉动消费的基础，是决定我国居民消费能力的根本因素，使用各地区居民人均收入反映居民收入水平，居民人均收入 = 城镇人口比例 × 城镇人均可支配收入 + 农村人口比例 × 农村人均纯收入。

（2）居民消费心理（$psychology_{it}$）。作为衡量政府满足居民心理安全需求的能力指标和对居民心理安全程度的衡量，用政府财政的社会保障支出 G_{1t} 与居民对与心理安全有关的商品与服务的实际需求 D_{1t} 比值来表示。其中，G_{1t} 包括教育支出、社会保障和就业支出和医疗卫生支出。$D_{1t} = G_{1t}$ + 居民在教育和社会保障等方面的自筹金额支出。

（3）流动性约束（$liquidity\_constrain_{it}$）。面对越强流动性约束，居民具有更强的储蓄愿望来依靠自身储备缓解流动性约束，从而降低即期居民消费。由于没有直接的数据可以表示流动性约束因素，选取各个省份居民人均年储蓄存款的增加额（ΔS）占居民人均收入（ΔY）的比重来度量居民面临的流动性约束。

（4）人力资本水平（$human_{it}$）。居民消费水平会受到来自外部消费环境的影响，由于消费环境难以量化，选取人力资本水平（$human_{it}$）来代表居民消费环境，更高教育文化水平意味着居民能够更有效地接受更高质量的消费服务。以高中以上教育程度人口占总人口的比重来衡量文化水平，$human = \sum (mid/pop \times 9 + hig/pop \times 12 + sec/$

$pop \times 12 + col/pop \times 16$）。其中，*mid* 为初中在校生人数，*hig* 为普通高中在校生人数，*sec* 为中等职业教育在校生人数，*col* 为高等学校在校生人数，*pop* 为人口总数。

（5）人口结构（*population_struture*$_{it}$）。儿童和老年人是纯粹的消费者，此类人口占劳动总数的比例越大，家庭承受的负担越大，整体消费水平将越低。采用各地区人口抚养比来衡量人口结构，人口抚养比 =（14 岁以下儿童 + 65 岁以上老人）/14～65 岁人口数。由于数据的缺失，2000 年和 2010 年的人口数据通过年龄比例计算得到年龄人口，而 2001 年所缺数据则是用 2000 年和 2002 年的数据平均值计算而来。

（6）房价（*house_price*$_{it}$）。因住房价格的波动对居民消费行为的影响较大，使用商品住宅平均销售价格考察房地产价格水平，可由各地区商品住宅销售额除以商品住宅销售面积而得。

（7）城市化水平（*urban*$_{it}$）。城市化水平的提高会显著增加我国居民资源和收入，从而有效降低城乡收入差距。选取城市化率作为影响居民消费水平的影响因素，$urban = pop_{urban}/pop_{total}$，$pop_{urban}$ 和 pop_{total} 分别表示各省域城镇人口和当地总人口。

4.2　财税政策与居民消费的非凯恩斯理论分析

4.2.1　税收政策对居民消费非凯恩斯效应的理论模型

假设经济体处于封闭运行状态，财政时期可以划分为财政平稳时期与财政调整时期，国民总收入计算公式如下：

$$Y_i = C_i + G_i + I_i \tag{4.1}$$

其中，Y_i 表示国民总收入、C_i 表示居民消费、G_i 表示政府支出、I_i 表示投资、G_i 表示政府支出（外生变量）。由于国内利率 r 在很大程度上取决于国外利率 r^*，并且利率的大小体现着国家特定的风险情况。政府其他收入占总收入比例越高，政府对资本市场的依赖程度越低；当政府其他收入占总收入比例较低时，政府对资本市场的依赖程度较高，此时政府需要提高国债支付利率。同时理论认为，国内利率与税收收入呈现负相关关系，在财政紧缩时期财富效应的正效应大于税收收入负效应，此时财政紧缩会导致居民消费的净增加。国内利率与税收收入负相关的公式如下：

$$r = r^* + k(T_1) \tag{4.2}$$

其中，T_1 为财政平稳时期的税收收入，且 $\partial r / \partial T_1 < 0$。政府在财政平稳时期和财政调整时期的预算约束如下：

$$T_1 + B_1 + \frac{T_2}{1+r} + \frac{B_2}{1+r} - B_1 = T_1 + \frac{T_2}{1+r} + \frac{B_2}{1+r}$$

$$= G_1 + \frac{G_2}{1+r} \tag{4.3}$$

其中，T_2 为财政调整时期的税收收入，B_1 为财政平稳时期的政府债务，B_2 是在财政调整时期的政府债务。永久收入理论认为居民总收入决定着居民消费。假设，居民消费者在财政时期内面临流动性约束（λ），居民消费者会使用全部可支配收入，财政平稳时期可支配收入下的居民消费函数如下：

$$C_1 = \lambda(Y_1 - T_1) + (1 - \lambda)\frac{1}{1+\rho}\Big[(Y_1 - T_1) + (Y_2 - T_2)\frac{1}{1+r}\Big] \tag{4.4}$$

其中，λ 是居民消费者面临流动性约束的比重（$0 < \lambda < 1$），ρ 是财政平稳时期与财政调整时期之间的居民消费贴现率。根据式（4.4）可以将税收收入提高对居民消费影响效应改写为式（4.5）：

$$\frac{\partial C_1}{\partial T_1} = -\lambda + \left(\frac{1-\lambda}{1+\rho}\right)\left(-1 + \frac{\left(\frac{\partial Y_2}{\partial T_1} - \frac{\partial T_2}{\partial T_1}\right)(1+r) - (Y_2 - T_2)\frac{\partial r}{\partial T_1}}{(1+r)^2}\right)$$

(4.5)

由于 $\partial T_2 / \partial T_1 = -(1+r)$，可以将式（4.5）进一步改写为式（4.6）：

$$\frac{\partial C_1}{\partial T_1} = -\lambda + \left(\frac{1-\lambda}{1+\rho}\right)\left(\frac{\partial r}{\partial T_1}\right)\left[\frac{1}{1+r}\left(\frac{\partial Y_2}{\partial I_2}\right)\left(\frac{\partial I_2}{\partial r}\right) - \frac{(Y_2 - T_2)}{(1+r)^2}\right]$$

(4.6)

根据分析可知 $\partial C_1/\partial T_1$ 的符号并不能够确定，这也就证明了税收政策对居民消费存在非凯恩斯效应的可能性。令：

$$z = \left(\frac{1-\lambda}{1+\rho}\right)\left(\frac{\partial r}{\partial T_1}\right)\left[\frac{1}{1+r}\left(\frac{\partial Y_2}{\partial I_2}\right)\left(\frac{\partial I_2}{\partial r}\right) - \frac{(Y_2 - T_2)}{(1+r)^2}\right] \quad (4.7)$$

因此，根据式（4.6）和式（4.7）可以简写为：$\partial C_1/\partial T_1 = -\lambda + z$。综合以上计量模型可知，居民消费面临的流动性约束的比重 $\lambda < 1$ 时，税收政策对居民消费表现的是非凯恩斯效应；居民消费面临的流动性约束 $\lambda = 1$，说明税收政策对居民消费表现的是凯恩斯效应。由 z 的取值大小可判断出，如果 $|z| < |\lambda|$，居民消费随税收收入的增加而减少，税收收入对居民消费的影响是凯恩斯效应；当 $|z| > |\lambda|$，税收收入对居民消费的影响是非凯恩斯效应，说明居民消费随着税收收入的增加而增加。

4.2.2　财政支出政策对居民消费非凯恩斯效应的理论模型

假设一个代表性消费者同时也是生产者，生产单一产品，该产品可以用于消费，也可以用于再生产或纳税。该消费者预期其一生的效用函数为：

$$U = E\left[\sum_{t=0}^{\infty} \beta^{t} u(c_t^*) \right] \qquad (4.8)$$

其中，β 为主观贴现因子，c_t^* 是该消费者的有效消费，E 表示预期，t 为时间，将有效消费定义为：

$$c_t^* = c_t + \theta g_t, \, 0 < \theta < 1 \qquad (4.9)$$

其中，c_t 和 g_t 分别代表私人消费和政府购买。由于市场经济下政府的一个基本职能是提供公共产品和服务，g_t 中有相当一部分属于政府消费和公共品提供。

由式（4.9）进一步得到该消费者在 t 期的效用函数：

$$U = u(c_t^*) = u(c_t + \theta g_t) \qquad (4.10)$$

该效用函数满足通常的凹性和二阶连续可微假定，$U' > 0$，$U'' < 0$。从式（4.10）可知，参数 θ 表示 c_t 和 g_t 之间的替代程度，当 $\theta > 0$ 时，则有 $\partial(\partial u/\partial c)/\partial g < 0$，即政府支出扩大引起私人消费边际效应下降，从而引起私人消费减少，说明政府支出和私人消费是替代关系，而且参数 θ 越大，替代效应越强。反之，当 $\theta < 0$ 时，有 $\partial(\partial u/\partial c)/\partial g > 0$，即政府支出增加引起私人消费边际效应增加，二者呈互补关系，θ 越大，则互补程度越高。因此，在对修改后的预期效用求最大化时，θ 为负意味着增加政府支出可以提高私人消费的边际效用，二者是互补关系。反之，θ 为正表示政府支出增加会降低私人消费的边际效用，二者是竞争性或替代性的。如果代表消费者的预算约束是：

$$A_{t+1} = (A_t + W_t - C_t - T_t)(1 + r) \qquad (4.11)$$

其中，A_t 是 t 期实际金融财富，T_t 是 t 期净的一次总付税，W_t 指劳动收入，r 是平均利率水平并假定不变。政府的预算约束为：

$$B_{t+1} = (B_t + g_t - T_t)(1 + r) \qquad (4.12)$$

其中，B_t 为 t 期国债。那么，将式（4.11）和式（4.12）相减并结合式（4.9）整理得到整个经济的预算约束为：

$$A_{t+1} - B_{t+1} = \left[(A_t - B_t) + W_t - C_t^* - (1 - \theta)g_t \right](1 + r)$$

$$(4.13)$$

社会在式（4.13）约束下最大化该消费者的效用，最优有效消费 c_t^* 的路径必须满足欧拉方程：

$$u'(c_t^*)/\left[\beta E_t u'(c_{t+1}^*) \right] = 1 + r \qquad (4.14)$$

即在最优路径上，跨期替代率和跨期转换率必须相等，利用消费的边际效用遵循随机游走的结论，估计参数 θ 的值，由式（4.14）可得：

$$u'(c_{t-1}^*) = \lambda E_{t-1} u'(c_t^*) \qquad (4.15)$$

其中，$\lambda = \beta(1 + r)$。假定边际效用在各个时期变化很小，c_t^* 可以近似为：

$$E_{t-1} c_t^* = \rho c_{t-1}^* \qquad (4.16)$$

其中，$\rho = \lambda^\sigma$，假定消费的跨期替代弹性 $\sigma = - U'/(c^* U'')$ 固定不变，将式（4.9）代入式（4.16）可得：$E_{t-1} c_t^* = \rho c_{t-1}^*$，进行整理得到：

$$c_t = (\rho/E_{t-1})c_{t-1} - \theta g_t + (\rho/E_{t-1})\theta g_{t-1} \qquad (4.17)$$

其中，令 $\gamma = \rho/E_{t-1}$，则式（4.17）变为：

$$c_t = \partial c_{t-1} - \theta g_t + \partial\theta g_{t-1} + \varepsilon_t \qquad (4.18)$$

4.3 中国财税政策非凯恩斯效应潜在时期的划分

4.3.1 划分方法的选择

财政时期的定义和划分是研究财税政策对居民消费影响的非凯恩斯效应与效应非对称性的前提。理论上对财政时期划分方式有外生定义和内生定义两种方法。现有的财政时期划分绝大多数采用的是外生定义方法，外生定义方法主要包括以下三种：基本结构预算余额、结构预算余额（Cour et al.，l996）和国债或公共消费（Sutherland，1997；Bertola and Drazen，1993；Perotti，1999）。在财政时期划分标准上也存在两种方式。一是临界值的界定。通过简单统计指标的方法客观确定一个临界值。二是持续时间的长短。临界值较小时，持续时间可以选择 1 年；临界值较大时，持续时间可以选择 2 年或者 2 年以上。因临界值和持续时间的选择缺乏理论依据和统一的划分标准，实际中对财政时期的划分具有主观性。

财政政策非凯恩斯效应潜在时期划分方式有两种。第一种是亚历西娜和阿达尼亚（Alesina and Ardagna，1998）提出的财政调整时期，是指基本结构预算余额/潜在 GDP 一年变动超过 2% 或者连续两年在同一方向变动且平均变化不低于 1.5%。第二种是贾瓦齐和帕加诺（Giavazzi and Pagano，1996）提出的财政调整时期定义，将基本结构预算余额/潜在 GDP 一年内至少变化 3% 作为门限值或在 2 年、3 年、4 年需要累计变化 3%、4%、5% 以上。然而这两种财政调整时期方法的缺陷在于，主观选择判断标准和忽略单年财政调整的情形。因此，为了增加财政调整时期划分方式，本书采用戈宾（Gobbin，2011）、赫明（Hemming，2002）、施拉雷克（Schlarek，2007）等所提出的财政时期定义作为划分标准，对我国除港澳台地区以外的 31 个省区市 1999～2012 年财政政策非凯恩斯效应的潜在时期进行划分，这种财政调整时期定义的优势在于其临界值的确定具有客观性。

4.3.2　结构预算余额和潜在 GDP 的估计方法

运用结构预算余额估计我国潜在产出指标，然后利用潜在产出的估计结果计算结构赤字。考虑到相关数据的可得性及误差，采用穆勒和罗伯特（Muller and Robert，1984）、罗伯特（Robert，2004）对结构预算余额进行估算，估计公式如下：

$$B_t = B_{t-1} + \Delta\beta_t + m \times (rGDP_{t-1}) + m \times (a - r) \times GDP_{t-1}$$

(4.19)

其中，r 为潜在产出增长率，当 $a - r = 0$ 时，周期性预算余额为零，此时的预算余额即为结构性预算余额。潜在产出估计方法包括 HP 滤波、BP 滤波和状态空间模型。本书采用劳巴赫和威廉姆斯（Laubach and Williams，2001）的方法，运用新凯恩斯型动态模型多变量状态空间模型对潜在产出和产出缺口进行估计。

4.3.3 财政政策非凯恩斯效应潜在时期的估计结果

估计出结构预算余额和潜在 GDP 之后，计算出每年结构预算余额/潜在 GDP 的变化，再根据定义的划分标准进行识别即可，设置财政调整时期划分区间的临界值，此时财政调整时期划分的确定结果如表 4.1 所示。

表 4.1　　　　　　　1999～2012 年我国财政时期划分结果

省份	财政紧缩时期	财政扩张时期	财政平稳时期
北　京	2006 年、2012 年	2010～2011 年	1999～2005 年、2007～2009 年
天　津	2006 年	—	1999～2005 年、2007～2012 年
河　北		2010～2012 年	1999～2009 年
山　西	2006 年	1999～2002 年、2010～2012 年	2003～2005 年、2007～2009 年
内蒙古	2004～2006 年	1999～2003 年、2012 年	2007～2011 年
辽　宁	—	2010～2012 年	1999～2009 年
吉　林	—	2002～2005 年、2009～2012 年	1999～2001 年、2006～2008 年

续表

省份	财政紧缩时期	财政扩张时期	财政平稳时期
黑龙江	—	2008～2012 年	1999～2007 年
上　海	2006～2008 年	2009～2012 年	1999～2005 年
江　苏	—	—	1999～2012 年
浙　江	—	—	1999～2012 年
安　徽	2011～2012 年	2007～2010 年	1999～2006 年
福　建	—	2010～2012 年	1999～2009 年
江　西	—	2002～2004 年、 2009～2012 年	1999～2001 年、 2005～2008 年
山　东	—	—	1999～2012 年
河　南	—	2010～2012 年	1999～2009 年
湖　北	—	2007～2012 年	1999～2006 年
湖　南	—	2009～2012 年	1999～2008 年
广　东	—	2003～2005 年	1999～2002 年、 2006～2012 年
广　西	—	2002～2010 年	1999～2001 年、 2011～2012 年
海　南	—	2006～2007 年	1999～2005 年、 2008～2012 年
重　庆	2004～2005 年	2010～2012 年	1999～2003 年、 2006～2009 年
四　川	2004～2005 年、 2011～2012 年	2009～2010 年	1999～2003 年、 2006～2008 年
贵　州	2004 年	2005～2012 年	1999～2003 年
云　南	2005 年	2006～2012 年	1999～2004 年
西　藏	2004～2007 年	2008～2012 年	1999～2003 年
陕　西	2004 年、2011～2012 年	1999～2003 年、 2009～2010 年	2005～2008 年
甘　肃	2011～2012 年	1999～2003 年、 2009～2010 年	2004～2008 年
青　海	2004～2005 年	1999～2003 年、 2006～2012 年	—

续表

省份	财政紧缩时期	财政扩张时期	财政平稳时期
宁 夏	2004～2005 年	1999～2003 年、 2009～2010 年	2006～2008 年、 2011～2012 年
新 疆	2004 年	2002～2003 年、 2009～2012 年	1999～2001 年、 2005～2008 年

4.4 财税政策对居民消费水平的非凯恩斯效应和效应的非对称性

基于对我国财政政策非凯恩斯效应潜在时期的划分结果，本书以我国 31 个省区市 1999～2012 年财税政策与居民消费水平的数据，通过构建动态效应面板数据模型（系统 GMM 估计方法）就财税政策对居民消费水平在财政平稳时期和财政调整时期（财政紧缩时期和财政扩张时期）的凯恩斯效应和非凯恩斯效应进行参数估计，由此实证检验财税政策对居民消费水平效应的非对称性的存在性。

4.4.1 模型设定

财税政策的效应非对称是指财税政策工具（包括税收收入或财政支出）对居民消费水平的影响效应在财政扩张和财政紧缩两个财政调整时期具有非对称性，即财税政策在不同时期对居民消费水平的影响程度会有所不同。在建立实证模型之前，首先对我国财政政策非凯恩斯效应潜在时期进行划分，财政时期划分表示的是财政态势偏松抑或偏紧缩，整个财政时期可以划分为财政平稳时期和财政调整时期两种情况；财政调整时期（紧缩和扩张）之外为财政平稳时期，财政调整时期又可划分为财政扩张时期和财政紧缩时期两种情形。利用动态效应面板数据模型 GMM 估计方法考察财税政策对居民消费水平在财政扩张与财政紧缩时期是否存在非凯恩斯效应，从而检验财税政策对居民消费水平在财政调整时期影响效应的非对称性。

从消费者主观心理反应以及理性预期的形成过程来看，由于财政紧缩对居民消费产生扩张效应的可能性取决于居民消费对紧缩的反应能否弥补财政紧缩对总需求的直接负效应，财政紧缩调整导致居民消费行为发生异化的可能性相对更大。有利的预期效应能够使居民消费者的跨期储蓄选择发生改变，财政紧缩的直接负面效应可能被减少或甚至消除，居民对财政紧缩的反应通常要显著强于财政扩张时期，即紧缩时期财税政策对居民消费产生非凯恩斯效应的可能性更大。为了检验我国财税政策在财政扩张与财政紧缩时期对居民消费水平是否存在非凯恩斯效应以及非凯恩斯效应的大小，构建财政时期虚拟变量财政扩张时期（d_{it}^{E}）和财政紧缩时期（d_{it}^{C}），且假定：

$$d_{it}^{C} = \begin{cases} 1, 财政紧缩时期 \\ 0, 其他时期 \end{cases} ; \quad d_{it}^{E} = \begin{cases} 1, 财政扩张时期 \\ 0, 其他时期 \end{cases}$$

此时，实证检验模型如下：

$$\begin{aligned} consume_{it} = \sum_{j=1}^{n} \xi_j consume_{it-1} + \alpha_1 tax\_re_{it} + d_{it}^{E}(\alpha_2 tax\_re_{it}) + \\ d_{it}^{C}(\alpha_3 tax\_re_{it}) + \eta X_{it} + \mu_i + \varepsilon_{it} \end{aligned} \quad (4.20)$$

$$\begin{aligned} consume_{it} = \sum_{j=1}^{n} \xi_j consume_{it-1} + \beta_1 fiscal\_ex_{it} + d_{it}^{E}(\beta_2 fiscal\_ex_{it}) + \\ d_{it}^{C}(\beta_3 fiscal\_ex_{it}) + \eta X_{it} + \mu_i + \varepsilon_{it} \end{aligned} \quad (4.21)$$

$$\begin{aligned} consume_{it} = \sum_{j=1}^{n} \xi_j consume_{it-1} + \partial_1 tax\_product_{it} + \partial_2 tax\_income_{it} + \\ \partial_3 tax\_property_{it} + d_{it}^{E}(\partial_4 tax\_product_{it} + \\ \partial_5 tax\_income_{it} + \partial_6 tax\_property_{it}) + d_{it}^{C}(\partial_7 tax\_ \\ product_{it} + \partial_8 tax\_income_{it} + \partial_9 tax\_property_{it}) + \\ \eta X_{it} + \mu_i + \varepsilon_{it} \end{aligned} \quad (4.22)$$

$$
\begin{aligned}
consume_{it} = & \sum_{j=1}^{n} \xi_j consume_{it-1} + \gamma_1 fiscal\_invest_{it} + \lambda_2 fiscal\_ \\
& transfer_{it} + \lambda_3 fiscal\_manage_{it} + d_{it}^{E}(\lambda_4 fiscal\_invest_{it} + \\
& \lambda_5 fiscal\_transfer_{it} + \lambda_6 fiscal\_manage_{it}) + d_{it}^{C}(\lambda_7 fiscal\_ \\
& invest_{it} + \lambda_8 fiscal\_transfer_{it} + \lambda_9 fiscal\_manage_{it}) + \\
& \eta X_{it} + \mu_i + \varepsilon_{it}
\end{aligned}
\tag{4.23}
$$

式（4.20）~式（4.23）中，i 和 t 分别表示个体和时期。$consume_{it}$ 为人均居民消费支出，滞后变量 $consume_{it-1}$ 为居民消费习惯的代理变量，然而，地方政府支出影响居民消费的变化是一个动态积累过程，不仅取决于当前一些影响因素，而且还与前期消费惯性相关，存在一定的路径依赖。因此，要通过系统 GMM 计量回归模型检验政府税收收入和财政支出对居民消费水平的非对称性效应。为了反映居民消费在现实中可能具有的惯性特征和"自我增强机制"，并考虑到我国居民消费和核心解释变量可能存在的内生性问题，模型在自变量中加入了居民消费滞后一期 $consume_{it-1}$ 来测量自我增强机制的影响程度。tax_re_{it} 和 $fiscal\_ex_{it}$ 分别表示人均税收收入和人均财政支出。为了保证计量分析估计结果的准确性，X_{it} 表示控制变量，包括收入水平、居民消费心理、流动性约束、人力资本水平、人口结构、房价和城市化水平。虚拟变量 d_{it}^{E} 和 d_{it}^{C} 分别表示财政紧缩时期和财政扩张时期政策对居民消费的影响效应。μ_i 为个体效应，ε_{it} 为随机误差项，且满足 $E(\varepsilon_{it}) = 0$，$E(\mu_i, \varepsilon_{it}) = 0$。

4.4.2 非对称效应估计

在进行动态效应面板数据模型系统 GMM 估计时，为避免模型中出现的时间效应和个体效应造成估计系数的偏误，采用"截面均值差分法"去掉时间效应 β_t，使用"前向均值差分"消除个体效应 α_i，以避免由于个体效应和回归元素相关而造成的系数估计有偏。为了有效解决估计中存在的内生性问题和避免有限样本产生的偏差，运用系统 GMM 估计法对面板模型进行回归时采用因变量滞后值和外生变量作为工具变量（Arellano and Bond，1991）。用 AR（2）统计值检验计量模型一阶差分后的残差项是否存在二阶自相关；用 Sargan 检验计量模型检验解释变量的前期值与当期残存项是否存在相关性。实证结果表明 AR（2）一阶差分后的残差不存在二阶自相关，说明检验结果是可信的；Sargan 检验说明工具变量的选取是有效的。居民消费习惯（居民消费滞后项 $consume_{it-1}$）对当期居民消费的影响较大，系数区间为 $[0.769，0.801]$，说明我国居民消费具有自我增强的作用和较大的惯性特征。导致居民消费惯性现象的原因可能与当地消费观念、风俗习惯和经济发展等因素有关。这说明我国居民消费具有惯性，即习惯形成迫使居民消费者积累了更多的财富，收入不确定性对居民消费的影响较小。具体的估计结果如表 4.2 所示。

表 4.2　　　　财税政策对居民消费影响效应的非对称估计结果

变量	税收收入模型		变量	财政支出模型	
	模型 I	模型 II		模型 III	模型 IV
$consume_{it-1}$	0.769 *** (0.038)	0.787 *** (0.052)	$consume_{it-1}$	0.791 *** (0.039)	0.801 *** (0.043)
tax_re_{it}	−0.150 *** (0.055)		$fiscal\_ex_{it}$	−0.009 *** (0.002)	
$D^E \times tax\_re_{it}$	−0.040 *** (0.015)		$D^E \times fiscal\_ex_{it}$	−0.070 *** (0.020)	
$D^C \times tax\_re_{it}$	0.050 ** (0.021)		$D^C \times fiscal\_ex_{it}$	0.030 ** (0.012)	
$tax\_product_{it}$		−0.109 *** (0.010)	$fiscal\_invest_{it}$		0.070 *** (0.024)
tax_income_{it}		0.160 *** (0.027)	$fiscal\_transfer_{it}$		0.150 *** (0.046)

续表

变量	税收收入模型		变量	财政支出模型	
	模型 I	模型 II		模型 III	模型 IV
$tax\_property_{it}$		0.140 *** (0.025)	$fiscal\_manage_{it}$		−0.030 *** (0.004)
$D^E \times tax\_product_{it}$		−0.013 *** (0.001)	$D^E \times fiscal\_invest_{it}$		0.060 * (0.034)
$D^E \times tax\_income_{it}$		−0.006 ** (0.003)	$D^E \times fiscal\_transfer_{it}$		−0.070 * (0.043)
$D^E \times tax\_property_{it}$		0.022 *** (0.002)	$D^E \times fiscal\_manage_{it}$		0.020 (0.036)
$D^C \times tax\_product_{it}$		0.008 *** (0.002)	$D^C \times fiscal\_invest_{it}$		−0.060 ** (0.030)
$D^C \times tax\_income_{it}$		−0.012 *** (0.002)	$D^C \times fiscal\_transfer_{it}$		0.020 *** (0.006)
$D^C \times tax\_property_{it}$		0.002 (0.003)	$D^C \times fiscal\_manage_{it}$		−0.060 ** (0.030)
$income_{it}$	0.103 ** (0.050)	0.139 ** (0.058)	$income_{it}$	0.083 *** (0.030)	0.095 ** (0.043)
$psychology_{it}$	−0.022 *** (0.005)	−0.040 *** (0.002)	$psychology_{it}$	−0.029 ** (0.013)	−0.017 *** (0.006)
$liquidity\_constrain_{it}$	−0.070 (0.051)	−0.030 (0.054)	$liquidity\_constrain_{it}$	−0.008 (0.067)	−0.005 (0.063)
$human_{it}$	0.012 ** (0.006)	0.029 ** (0.014)	$human_{it}$	0.013 *** (0.005)	0.017 * (0.009)
$population\_struture_{it}$	−0.118 *** (0.034)	−0.219 *** (0.084)	$population\_struture_{it}$	−0.179 *** (0.026)	−0.132 ** (0.065)
$house\_price_{it}$	0.067 ** (0.029)	0.092 *** (0.031)	$house\_price_{it}$	0.054 ** (0.023)	0.065 ** (0.033)
$urban_{it}$	0.140 *** (0.011)	0.264 *** (0.092)	$urban_{it}$	0.123 * (0.064)	0.117 * (0.069)

变量	税收收入模型		变量	财政支出模型	
	模型 I	模型 II		模型 III	模型 IV
常数项	0.357 ***	0.123 **	常数项	0.475 ***	0.294 **
	(0.028)	(0.048)		(0.161)	(0.143)
AR(1) 检验 P 值	0.016	0.021	AR(1) 检验	0.017	0.018
AR(2) 检验 P 值	0.295	0.337	AR(2) 检验	0.274	0.210
Sargan 检验 P 值	0.889	0.861	Sargan 检验	0.785	0.825

注：***、**、*分别表示在 1%、5% 和 10% 水平下显著；括号内的数值表示标准差。模型 I 对应式（4.20），模型 II 对应式（4.22），模型 III 对应式（4.21），模型 IV 对应式（4.23）。

我国财税政策在 1999～2012 年间对居民消费水平产生了非凯恩斯效应，而且财政调整的持续时间长短是非凯恩斯效应的重要原因，但就财政扩张与财政紧缩时期而言，是否存在非凯恩斯效应还需进一步利用模型进行检验。模型 I 的估计结果显示，税收收入在财政平稳时期对居民消费的回归系数 α_1 通过了 t 检验（估计系数在 1% 的水平下显著），说明税收收入在财政平稳时期对居民消费产生了显著的抑制效应。系数 α_1 为 -0.150，即政府税收收入在财政平稳时期每增加 1%，居民消费水平会减少 0.015 个百分点。财政扩张时期税收收入估计系数通过了 t 检验，系数 α_2 在 1% 水平下显著，且符号与凯恩斯理论预期相同，这说明税收收入在财政扩张时期对居民消费产生了凯恩斯效应。其中，财政扩张时期税收收入对居民消费的影响系数 α_2 为 -0.040，说明税收收入的凯恩斯效应在财政扩张时期得到进一步强化，总效应系数（$\alpha_1 + \alpha_2$）为 -0.190，即税收收入在财政扩张时期每增加 1%，居民消费支出减少 0.19 个百分点。财政紧缩时期税收收入估计系数通过了 t 检验，估计系数 α_3 为 0.050，说明税收收入在财政紧缩时期对居民消费的影响有所改善，然而估计系数 $|\alpha_1| > |\alpha_3|$，总效应系数（$\alpha_1 + \alpha_3$）为 -0.100，税收收入总效应系数小于零，即税收收入在财政紧缩时期表现为非凯恩斯效应。模型 II 的估计结果显示，在财政平稳时期，居民消费模型中的影响系数都在 1% 的显著性

水平下通过了 t 检验，商品税对居民消费的影响系数 ∂_1 小于零（$\partial_1 = -0.109$），即财政平稳时期商品税减少 1%，居民消费水平会增加 0.109 个百分点；而所得税和财产税对居民消费的影响系数 ∂_2 和 ∂_3 则大于零（$\partial_2 = 0.160$、$\partial_3 = 0.140$），即财政平稳时期所得税或者财产税增加 1%，居民消费水平会分别增加 0.160 个和 0.140 个百分点。商品税在财政扩张和财政紧缩时期都表现出明显的凯恩斯效应，财政扩张时期商品税对居民消费水平的总影响系数为 -0.122（$\partial_1 + \partial_4$）；财政紧缩时期虽然商品税对居民消费表现出非凯恩斯效应（$\partial_7 = 0.008$），但总效应表现为凯恩斯影响（系数 $|\partial_1| > |\partial_7|$），总影响系数为 -0.117（$\partial_1 + \partial_7$）。所得税对居民消费在财政扩张时期和财政紧缩时期都表现出非凯恩斯效应（$\partial_5 > 0$、$\partial_8 > 0$），然而总体上凯恩斯效应仍处于支配地位，即所得税在财政调整时期对居民消费的总效应表现为凯恩斯影响。财产税对居民消费在财政扩张时期表现为非凯恩斯效应（$\partial_6 > 0$），财产税的总效应系数大于零。因财产税在财政紧缩时期对居民消费的估计系数 ∂_9 没有通过 10% 的显著性检验，说明财政紧缩时期财产税对居民消费的总效应无法确定。

模型Ⅲ的估计结果显示，财政支出（$fiscal\_ex_{it}$）在财政平稳时期对居民消费产生了显著的抑制效应，财政支出回归系数 β_1 在 1% 的显著性水平下通过了 t 检验，系数 β_1 为 -0.009，即财政平稳时期财政支出每增加 1%，居民消费会减少 0.009 个百分点。财政支出在财政扩张时期对居民消费的非凯恩效应得到进一步强化，总效应系数（$\beta_1 + \beta_2$）为 -0.079，即财政支出在财政扩张时期每增加 1%，居民消费支出减少 0.079 个百分点。财政支出在财政紧缩时期对居民消费的影响系数 β_3 系数大于于零，然而估计系数 $|\beta_1| < |\beta_3|$，且总效应系数（$\beta_1 + \beta_3$）为 0.021，说明财政支出在财政紧缩时期对居民消费存在显著的非凯恩斯效应。根据模型Ⅳ的估计结果显示，在财政平稳时期，居民消费模型中的影响系数都在 1% 的显著性水平下通过了 t 检验，政府投资性支出和民生性支出对居民消费的影响系数 γ_1 和 γ_2 大于零（$\gamma_1 = $

0.070、$\gamma_2 = 0.150$），即财政平稳时期政府投资性支出和民生性支出增加 1%，居民消费水平分别会增加 0.070 个和 0.150 个百分点；而政府消费性支出对居民消费的影响系数 γ_3 小于零（$\gamma_3 = -0.030$），即财政平稳时期政府消费性支出增加 1%，居民消费水平减少 0.030 个百分点。政府投资性支出对居民消费在财政扩张时期表现为凯恩斯效应（$\gamma_4 > 0$），在财政紧缩时期表现出非凯恩斯效应（$\gamma_7 < 0$），然而总效应系数都是大于零（$\gamma_1 + \gamma_4 = 0.130$、$\gamma_1 + \gamma_7 = 0.010$），即政府投资性在财政调整时期对居民消费的总效应表现为凯恩斯影响。政府民生性支出对居民消费在财政扩张时期表现为非凯恩斯效应（$\gamma_5 < 0$），但由于估计系数 $|\gamma_2| > |\gamma_5|$，此时政府民生性支出对居民消费水平的总影响系数大于零（$\gamma_2 + \gamma_5 = 0.080$）。政府民生性支出在财政紧缩时期对居民消费的影响系数 γ_6 显著大于零，说明此时民生性支出在财政紧缩时期对居民消费存在显著的凯恩斯效应，民生性支出的总效应系数为 0.170（$\gamma_2 + \gamma_8 = 0.170$），即财政紧缩时期政府民生性支出增加 1%，居民消费水平会增加 0.170 个百分点。财政扩张时期政府消费性支出对居民消费的总效应无法确定，因为模型估计系数没有在 10% 的显著性水平下都通过 t 检验。政府消费性支出在财政紧缩时期通过了 5% 的显著性水平检验，非凯恩斯效应相比财政平稳时期得到进一步强化，总效应系数（$\gamma_3 + \gamma_9$）为 -0.090，即政府消费性支出在紧缩时期每增加 1%，居民消费支出会减少 0.090 个百分点。由以上分析可知，政府在财政平稳时期为了刺激居民消费，应采用减少税收收入和财政支出的组合政策方式；政府在财政扩张时期为了刺激居民消费，应采用减少税收收入和财政支出的组合政策方式；政府在财政紧缩时期为了刺激居民消费，应采用增加税收收入和财政支出的组合政策方式。

为了进一步证明我国税收收入和财政支出在财政扩张与财政紧缩时期对居民消费水平影响系数的绝对值，研究发现不同时期影响系数并不相等，且影响系数在财政扩张时期要大于财政紧缩时期。这说明在进一步将财政特殊时期划分为紧缩和扩张两种情况时，财政调整的幅度和持续时间长短都是特殊时期非凯恩斯效应产生的主要原因。由此可知，税收收入与财政支出对我国居民消费水平不仅存在非凯恩斯效应，而且影响效应还存在不同时期的非对称性现象，因此需要从统计上进行检验。因为税收收入和财政支出在财政扩张时期与财政紧缩时期之间影响系数的估计值不相等，并不等于其影响效应在扩张与紧缩两个调整时期一定具有非对称性。理论上，税收收入和财政支出的影响效应在扩张与紧缩两个财政调整时期间的非对称性问题采用联合 Wald 检验。从联合 Wald 检验统计量值及相应的 p 值结果发现，对税收收入和财政支出进行联合检验结果在 10% 的显著性水平下都拒绝原假设，说明我国税收收入和财政支出对居民消费水平的影响效应在扩张与紧缩两个财政调整时期间存在显著的非对称性。这也意味着，政府在采用财税政策刺激居民消费时，不仅要区分凯恩斯效应和非凯恩斯效应时期，而且把握财税政策在不同时期的作用力度和节奏问题也是很重要的（童大龙和储德银，2011）。

4.4.3　结论与政策建议

本章首先对我国 1999～2012 年财政政策非凯恩斯效应潜在时期进行划分，用动态效应面板数据模型 GMM 估计方法考察财税政策对居民消费水平的影响效应，研究结果表明：税收收入在财政平稳时期对居民消费产生了显著的抑制效应；税收收入的凯恩斯效应在财政扩张时期得到进一步强化；税收收入在财政紧缩时期对居民消费的影响有所改善，产生了显著的促进作用，但税收收入总效应系数小于零，即税收收入在财政紧缩时期表现为非凯恩斯效应；财政支出在财政平稳时期对居民消费产生了显著的抑制效应，即财政支出在财政平稳时期表现为非凯恩斯效应；财政支出在财政扩张时期对居民消费的非凯恩斯效应得到进一步强化；财政支出在财政紧缩时期对居民消费同样存在显著的非凯恩斯效应。

基于以上研究结论，提出以下几点建议：

首先，政府应具备判断不同时期财税政策对居民消费具有的非凯恩斯效应的经验能力，政府为了增强对宏观调控的预见性、针对性和灵活性，必须具备识别财税政策对我国居民消费是否具有非凯恩斯效应的先验知识，并由此判断中国财税政策是处在财政平稳时期抑或财政调整时期，进而对中国财税政策制定新一轮积极财税政策选择是继续财政扩张抑或是财政紧缩预先作出判断。

其次，传统凯恩斯理论认为政府为了刺激居民消费，减少税收收入或增加财政支出是理所当然的选择，但是扩张性财税政策的实施同时也会助推通胀问题更加突出。然而，当前我国财税政策正处在非凯恩斯效应区制内，政府为了刺激居民消费，反而应采用顺周期的财税政策对宏观经济进行调节，此时不仅能够扩大我国居民消费水平，还能有效解决国内相对严重的通胀问题。

最后，政府税收收入政策和财政支出政策对我国居民消费的影响效应在财政扩张与财政紧缩时期之间具有显著的非对称性。因此，采用适度调整政府税收收入和财政支出的政策组合才能最大限度地刺激居民消费。财政调整的持续时间是影响我国居民消费的重要因素，然而在财政政策产生非凯恩斯效应的时期内，财政调整幅度才是财税政策对居民消费非凯恩斯效应产生的重要因素。因此，政府不能一味通过扩张性财税政策来刺激居民消费，在不同财政时期政府需要采用不同的财税政策工具组合。政府在财政正常时期应按照凯恩斯主义减少政府税收收入或者实行逆经济周期调节的减少政府财政支出来刺激居民消费需求的增加。"财政紧缩时期扩张效应假说"理论认为具有理性预期的居民消费者通常能够提前判断特殊时期政府财税政策的变化。因此，追求长期效用最大化的理性消费者通过平滑财政时间内的消费水平对此做出响应，政府税收收入与财政支出的增减变化是一种永久性的改变，从而使政府在财政调整时期刺激居民消费需求的财税政策无效或效果大大降低，此时，财税政策对居民消费需求就表现出一定程度的非凯恩斯效应。因此，在财政扩张或者财政紧缩时期，政府为了有效扩大我国居民消费需求应该实行非凯恩斯式的财税政策。政府在财政扩张时期为了刺激居民消费，应采用减少税收收入和财政支出的组合政策方式；政府在财政紧缩时期为了刺激居民消费，应采用增加税收收入和财政支出的组合政策方式。

4.5　本章小结

新古典理论认为政府减少税收收入或者增加财政支出的扩张性刺激政策对于增加居民消费并不是完全有效的，中国财政支出的"瓦格纳之谜"会导致财税政策对居民消费存在挤出效应，同时还造成巨额的债务规模和财政赤字。本章考察了因时间因素存在差异时，中国财税政策对居民消费水平影响效应的变化情况。通过动态效应面板数据模型 GMM 估计方法实证检验财税政策对居民消费处于不同财政时期所产生的凯恩斯效应和非凯恩斯效应，从而进一步证明我国财税政策对居民消费影响效应在不同的财政时期是非对称性的。由实证分析可知，政府在财政平稳时期为了刺激居民消费，应采用减少税收收入和财政支出的组合政策方式；政府在财政扩张时期为了刺激居民消费，应采用减少税收收入和财政支出的组合政策方式；政府在财政紧缩时期为了刺激居民消费，应采用增加税收收入和财政支出的组合政策方式。此结论将为我国针对宏观经济运行中政府科学把握居民消费宏观调控方向、节奏与力度，提供全新的评价标准与实际依据。

第5章 财税政策对居民消费的空间溢出效应

我国地域广大，区域间经济条件和自然条件存在一定的差异性，决定着区域经济发展程度和居民收入水平的不平衡性，导致各地区的居民消费水平和消费结构也具有不平衡性和地域性。由于区域地理位置、经济发展、财税支持政策等因素直接影响中国居民消费水平，区域差距不断加大，导致中国居民消费发展的不均衡。本章在第4章财税政策影响居民消费的时间因素基础上，进一步构建包含税收政策、财政支出政策对中国居民消费水平影响的规模效应和结构效应，运用空间面板计量估计模型，并以1999~2012年31个省级地区作为研究对象进行实证研究，从空间因素角度考察财税政策对中国居民消费水平的影响效应。

5.1 引言

国内学者们就财税政策对居民消费水平的空间影响效应进行了实证研究。申世军和马建新（2008）通过泰尔指数对中国区域居民消费差异进行区域内和区域间差异分解发现，中国区域居民消费总体差异呈现出上升趋势，并且区域间差异逐渐处于主导地位。朱振亚和张小青（2011）认为经济转型期间农村居民消费的非均衡性主要表现为地区间的不均衡。居民消费对 GDP 增长的贡献率因城乡和地区而各异；居民消费尤其是农村居民消费对经济增长的拉动力较弱。吴玉鸣和陈志建（2009）以消费经济学理论与经济增长收敛理论为基础，运用1994~2006年中国省级区域全体居民消费水平数据，通过探索性空间数据分析（ESDA）研究发现我国 31 个省域的居民消费水平存在着全域正相关性和低值集聚现象；研究进一步发现人均收入存在条件 β 收敛，地理效应对收敛产生正向效应。因此，政府应制定地理空间协调政策进而缩小地区间的居民收入差距，以便实现地区居民消费水平收敛的最终目的。尹希果和孙惠（2011）使用 1979~2008 年我国 30 个省级面板数据进行空间计量分析，研究发现我国居民消费存在显著的空间依赖性；消费水平及消费增长率是地区经济发展差异的来源，对经济增长收敛产生显著的促进作用，并拉动中西部地区居民消费的快速增长，从而达到缩小区域间经济差异。蔡秀玲和邓春宁（2011）利用 1998~2008 年中国城镇居民相关数据，结合消费经济理论，就具有流动性约束的不确定预期对城镇居民消费需求的影响进行实证分析发现，区域地理位置是促进居民消费需求的重要因素。林文芳（2009）利用 2007 年省域消费数据对城乡居民的消费偏好进行分析，研究结果表明省域、城乡居民各类消费存在着显著的差异和变化，城镇居民和农村居民对各类商品消费具有明显的区域性偏好且存在省域间显著的相互影响，省份间还形成局部的对商品消费具有区域性偏好的群体。杨智峰（2008）、苑德宇等（2010）基于跨期优化理论研究结果表明，财政支出对居民消费具有挤出效应且随地区差异而不同。刘琦和黄天华（2011）研究发现财政支出结构对城乡居民消费差距存在一定的区域差异性。范金等（2011）运用消费效用模型的拓展模型研究发现，地方政府投资性支出对居民消费挤入挤出效应程度表现出显著的城乡差异性。刘沁清（2012）、李晓嘉（2012）、纪江明（2012）、魏向杰（2012）研究发现财政民生支出对我国居民消费具有显著的挤入作用，且政策效应存在着差异较大的区域差异。增加教育财政支出和社会保障财政支出有助于改善区域居民消费差距。

本章在深入考察中国居民消费空间分布及其演进的基础上，理顺财税支持政策与中国居民消费发展的关系，探讨包括税收政策和财政支出政策在内的财税支持政策运用的思路。首先，运用泰尔指数衡量我国居民消费水平的区域差异特征；然后，通过核密度估计我国居民消费水平差距变动情况，通过马尔可夫链转移概率矩阵检验我国省域居民消费水平分布内部各地区相对位置的发生概率及其长期动态演进趋向；最后，在此基础上通过空间相关性检验发现，中国区域居民消费水平存在空间集聚与空间差异格局，通过采用省级面板数据空间计量模型分析税收政策和财政支出政策对我国区域居民消费水平的空间外溢性影响特征，并提出有效提高我国区域居民消费水平的财税政策调整建议。

本章选取我国除港澳台地区以外的 31 个省区市 1999～2012 年的数据作为数据样本，相关原始数据来源于历年《中国财政年鉴》《中国统计年鉴》《新中国六十年统计资料汇编》和各省区市统计年鉴；商品房销售价格来源于国家统计数据库。考虑到各省区市在 1999～2012 年均先后经历了通货膨胀或通货紧缩，为了增强实证检验结果的可信度，所有变量均以 1999 年为基期利用价格指数进行平减，为了消除异方差和量纲问题，对所有变量取自然对数，以进一步增加数据的平稳性。此外，数据中涉及的比值是按照每年水平值计算而得的。

居民消费变量包括居民消费水平、居民消费率和居民消费倾向。为了实证分析居民消费与居民收入呈较为稳定的关系，以居民人均消费支出表示居民消费水平，居民人均消费支出（$consume\_level_{it}$）=（城镇人口×城镇人均消费＋农村人口×农村人均消费）／总人口。

税收政策因素，采用税收负担变量（tax_burden_{it}）和税制结构变量（$tax\_struture_{it}$）反映税收政策变量。税收负担（tax_burden_{it}）以税收收入占本省域生产总值的比重来表示；税制结构（$tax\_struture_{it}$），根据 IMF 和 OECD 的税收制度分类方法，直接税包括各种所得税、房产税、遗产税、社会保险税等税种；间接税包括关税、消费税、销售税、货物税、营业税、增值税等税种，根据数据的可得性，近似地，税制结构（$tax\_struture_{it}$）＝间接税/直接税＝商品税／（所得税＋房产税）。

财政支出因素，采用政府规模变量（$fiscal\_size_{it}$）和财政支出结构变量（$fiscal\_struture_{it}$）反映财政支出政策变量。政府规模变量（$fiscal\_size_{it}$）以财政支出占本省域生产总值的比重来表示；财政支出结构变量（$fiscal\_struture_{it}$）根据政府财政预算表把具有相似功能或性质的支出项目归类，分为政府投资性支出（$fiscal\_invest_{it}$）、政府民生性支出（$fiscal\_transfer_{it}$）和政府消费性支出（$fiscal\_manange_{it}$），财政支出结构（$fiscal\_struture$）=（投资性支出 + 消费性支出）/ 民生性支出。

控制变量包括：

（1）收入水平（$income_{it}$）。收入水平 = 城镇人口比例 × 城镇人均可支配收入 + 农村人口比例 × 农村人均纯收入。

（2）居民消费心理（$psychology_{it}$）。它用政府财政的社会保障支出 G_{1t} 与居民对与心理安全有关的商品与服务的实际需求 D_{1t} 比值来表示。

（3）流动性约束（$liquidity\_constrain_{it}$）。选取各个省份居民人均年储蓄存款的增加额（ΔS）占居民人均收入（ΔY）的比重来度量居民面临的流动性约束。

（4）人力资本水平（$human_{it}$）。以高中以上教育程度人口占总人口的比重来衡量人力资本水平。

（5）人口结构（$population\_struture_{it}$）。采用各地区人口抚养比来衡量人口结构。

（6）房价（$house\_price_{it}$）。房价由各地区商品住宅销售额除以商品住宅销售面积而得。

（7）城市化水平（$urban_{it}$）。城市化水平用各省域城镇人口占当地总人口的比例表示。

5.2 中国区域居民消费水平空间分布

5.2.1 中国区域居民消费水平划分

本书将我国除港澳台以外的 31 个省份划分为东部、中部、西部和东北部四大地区。东部地区包括北京、天津、河北、上海、江苏、浙江、福建、山东、广东和海南，中部地区包括山西、安徽、江西、河南、湖北和湖南，西部地区包括内蒙古、广西、重庆、四川、贵州、云南、西藏、陕西、甘肃、青海、宁夏和新疆，东北地区包括辽宁、吉林和黑龙江。研究区域居民消费与地理因素空间"区域选择"密不可分，既要遵循区域经济发展的一般规律，又要将区域发展问题的研究与区域政策分析相结合。因此，传统区域划分方法不能充分反映中国不同区域层面的信息，在综合考虑中国经济社会发展层次的基础上，运用 ESDA 划分的区域对不同地区的居民消费水平将这 31 个省域划分为高高（H－H）、高低（H－L）、低高（L－H）和低低区（L－L）四种类型。运用泰尔指数来衡量我国的地区居民消费水平差异，该指数可以分解为组间差异的变动和组内差异的变动。

$$T = \sum_i \left(\frac{C_i}{C}\right) \ln\left(\frac{C_i/C}{P_i/P}\right) \tag{5.1}$$

$$T_{wi} = \sum_i \left(\frac{C_{ji}}{C_j}\right) \ln\left(\frac{C_{ji}/C_j}{P_{ji}/P_j}\right) \tag{5.2}$$

$$T_w = \sum_i \left(\frac{C_j}{C}\right) T_{wi} \sum_i \sum_j \left(\frac{C_j}{C}\right)\left(\frac{C_{ji}}{C_j}\right) \ln\left(\frac{C_{ji}/C_j}{P_{ji}/P_j}\right) \tag{5.3}$$

$$T_b = \sum_j \left(\frac{C_j}{C}\right) \ln\left(\frac{C_j/C}{P_j/P}\right) \tag{5.4}$$

$$T = T_w + T_b = \sum_j \left(\frac{C_j}{C}\right) T_{wi} + T_b \tag{5.5}$$

式（5.1）~式（5.5）中，C、C_j、C_{ji} 分别表示 31 个样本省份居民消费总体水平、各区域居民消费水平和区域内各省域居民消费水平；P、P_j 和 P_{ji} 分别表示 31 个样本省份人口总数、各区域人口总数和区域内各省域人口总数。式（5.1）~式（5.4）分别测算的是居民消费总体泰尔指数 T、区域内部各省份居民消费的泰尔指数 T_{wi}、区域内居民消费的泰尔指数 T_w 和区域间居民消费的泰尔指数 T_b；式（5.5）显示了泰尔指数可加分解的特性，表示总体泰尔指数（T）等于区域内泰尔指数（T_w）与区域间泰尔指数（T_b）之和。通常泰尔指数介于 0 ~ 1 之间：泰尔指数越大，说明地区差异越大；泰尔指数越小，说明地区差异越小。

我国地域广大、经济条件和自然条件差异也具有一定的差异性，各地区的经济发展程度和居民收入水平具有不均衡性，导致各地区的居民消费水平和消费结构也具有不平衡性和地域性。对不同地区的居民消费水平进行比较，传统的四大经济地带划分与当前居民消费水平的集聚区域仍存在一定的不匹配性。表 5.1 的泰尔指数计算结果显示，ESDA 划分的区域组内差异明显小于传统四大经济地带划分的组内差异，而其组间差异却大于传统四大经济地带划分的组间差异。根据组内差异较小而组间差距较大的分组原则可知 ESDA 划分更为科学，也更适于解释财税政策与居民消费水平的"局域俱乐部"现象。接下来，本章将根据分布动态非参数估计方法（Quah，1997），结合阿罗卡等（Aroca et al.，2005）的研究思路，同时运用数据序列的离散状态或连续状态的不同设定，采用核密度函数及马尔可夫链分析方法考察中国区域居民消费水平时空分布的动态演变模式。本章的分析中使用了两个相对居民消费的指标。一个是相对于 31 个样本省份平均水平，称为相对居民消费水平，等于各省域居民消费值除以总样本居民消费值的均值；使用总样本相对居民消费这一指标可以使分析专注于省

表 5.1　　　　　　　　四大经济地带泰尔指数比较分析

划分方式	区域	各组内部	组内	组间	总指数
空间集聚区域	H－H	0.154	0.162	0.412	0.553
	H－L	0.088			
	L－H	0.229			
	L－L	0.236			
传统区域地带	东部	0.241	0.443	0.378	0.762
	中部	0.137			
	西部	0.146			
	东北部	0.070			

域间居民消费差距的相对大小。另一个是相对于居民消费邻区的平均水平，称为邻区相对居民消费水平，等于各地区居民消费值除以地理上相邻地区居民消费值的均值；使用邻区相对居民消费可以反映近邻效应所不能解释的居民消费变异部分。

5.2.2　中国区域居民消费变动的核密度估计

核密度估计是一种用于估计随机变量的概率密度的非参数的估计方法，核密度估计通过平滑方法描述随机变量的分布形态。设随机向量 X 的密度函数为 $f(x) = f(x_1, x_2, \cdots, x_n)$，$X_1, X_2, \cdots, X_n$ 为独立分布的样本，则点 x 的核概率密度估计为：

$$f(\hat{x}) = \frac{1}{Nh} \sum_{i=1}^{n} K\left(\frac{X_i - x}{h}\right) \tag{5.6}$$

式（5.6）中，N 为观测值的总数，h 代表带宽（bandwidth），$K()$ 是核函数。当核密度估计采用平滑核时，估计出的概率密度函数也是平滑的，其中估计密度曲线的平滑程度很大程度上由带宽决定，带宽的值越大，所估计的密度曲线的平滑程度越大。

采用非参数的高斯正态核分布曲线对中国省域居民消费和中国邻区相对居民消费进行核密度估计。图 5.1 和图 5.2 中横轴的数值含义是中国省域居民消费值，竖轴表示对应的核密度值。图 5.1 是运用核密度估计法得到 1999 年、2006 年和 2012 年总样本相对省域居民消费分布形态状况的核密度图。1999 年总样本相对居民消费的分布呈现双峰，表明中国省域居民消费分布呈"两极化"，分布密集区处于 0.9 左右，主峰代表低效率俱乐部，说明中国居民消费水平差距很明显；此外，在居民消费相对较高的区域呈现出一个"次峰"，"次峰"用来代表高消费俱乐部，这说明中国省域居民消费演进存在俱乐部收敛趋势，大多数居民消费低的省域与少数居民消费高的省域并存。2006 年，中国省域居民消费呈现出单峰分布形态，分布密集区处于 1 左右，说明此阶段中国绝大多数省域居民消费水平在全国平均水平之间。相对于1999年，2012年居民消费主峰值不断减小，波峰变得平缓，这表明中国省域居民消费低水平的集中程度在下降，"高居民消费俱乐部"与"低居民消费俱乐部"之间的差距在减小。

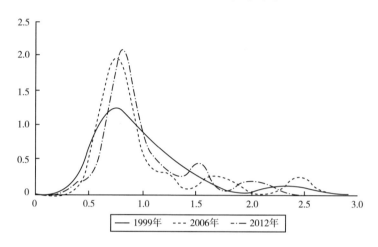

图5.1　31个样本省份相对居民消费分布的核密度估计

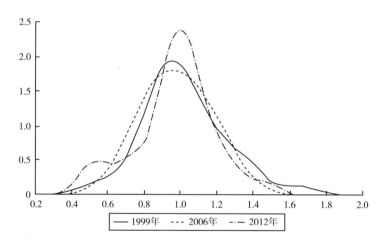

图5.2　邻区相对居民消费分布的核密度估计

研究中国省域居民消费发展演进的空间动态性时，在核密度估计分析方法中引入空间因素，着重分析中国省域居民消费近邻效应的影响，进一步研究中国省域居民消费空间分布的演进特征。为了反映近邻效应对区域居民消费水平分布演进的影响，本章估计了 1999 年、2006 年和 2012 年中国各省份邻区相对居民消费分布的核密度曲线（如图 5.2 所示）。与全国相对居民消费的核曲线相比，邻区相对居民消费的核曲线要陡峭得多，不对称性更加明显，波峰的数目明显增多。分布密集区处于 1 左右，表明多数地区的居民消费水平跟邻近地区的相当。相邻省域居民消费趋向一体化方向发展，区域间居民消费水平很大程度上可以由近邻效应解释。1999 年，中国多数省域居民消费在单峰极点附近集聚，少数省域居民消费在个别小规模的局部波峰周围集聚。2006 年邻区相对居民消费的密度曲线峰值更小，曲线变得更加平缓和对称，这表明近邻效应对居民消费水平分布演进的影响越来越明显，相邻地区之间的居民消费趋于缩小，从而组成空间上邻近的"俱乐部趋同"。相对于 2006 年，2012 年省域居民消费的波峰更加陡峭，峰值更大，"次峰"与"主峰"之间的距离也有扩大的倾向，这表明中国整体居民消费有了较大的发展，主峰内部省域间的居民消费差距在缩小；另一个特征就是我国省域居民消费分布由 1999 年的"双峰"状逐步演变到 2012 年的"多峰"状，表明中国省域居民消费分布呈"多极化"，省域间的居民消费差距短时间内很难消除。

5.2.3　中国区域居民消费发展演进的时空特征分析

由核密度曲线的可知，中国省域居民消费水平空间分布演进受到自身地理相邻省域居民消费高低的影响。自身居民消费水平较低的省域，如果邻近居民消费水平较高的地区，将有利于该省域向较高的居民消费水平等级转变；反之，如果一个省域邻近居民消费水平低的省域，则该省域极有可能因为近邻效应向较低的居民消费水平等级转变。核密度曲线分析结果说明了中国省域居民消费水平分布演进受到空间因素的影响，下面进一步通过空间马尔可夫链分析方法对不同的地理相邻关系的居民消费水平演进或状态转移存在多大的差异进行分析。

马尔可夫链是一个离散时间的随机过程 $\{x(t), t \in T\}$，即它们所有可能取值的集合，被称为"有限状态空间 L"，x_t 的值则是在时间 t 的状态。那么可能的状态 j、i 和 $ik(k = 0, 1, \cdots, t-2)$，满足以下公式：

$$P\{X(t) = j \mid x(t-1) = i, \quad x(t-2) = i_{t-2},$$
$$x(0) = i_0\} = P\{x(t-1) = i\} \tag{5.7}$$

式（5.7）说明了一阶马尔可夫链的无后效性（或称马尔可夫性），即随机变量 x 在时期 $t-1$ 的状态决定了 x 在时期 t 处于状态 j 的概率，第 k 个条件矩阵中的元素 $p_{ij/k}(l)$ 表示在区域空间滞后类型在 k 的条件下，系统从 t 年份 i 类型经过 l 步长转移到 j 类型的 l 步空间转移概率。

研究中国省域居民消费发展演进的空间动态性，在马尔可夫链分析方法中引入空间因素，着重分析中国省域居民消费近邻效应的影响，进一步研究中国省域居民消费空间分布的演进特征。空间马尔可夫链分析方法首先根据 1999 年中国省域居民消费水平空间滞后项的居民消费值，将 31 个样本省域居民消费样本划分为相应的 L 个组，构建了 L 个转移概率矩阵，即空间马尔可夫转移概率矩阵。转移概率矩阵被分解为 L 个以相邻省域居民消费为条件的条件转移概率矩阵（L×L 维）。表 5.2 给出了 1999~2012 年中国相对省域居民消费的空间马尔可夫转移概率矩阵。主对角线上的元素表示中国省域居民消费类型没有发生变化的概率，非对角线上的元素表示在不同省域之间转移的概率。

表 5.2　中国相对省域居民消费水平的空间马尔可夫链转移概率矩阵

空间滞后项	$t/t+i$	L_1	L_2	L_3	L_4	L_5	N_i
L_1	第一类型	0.640	0.360	0.000	0.000	0.000	25
	第二类型	0.139	0.667	0.111	0.083	0.000	36
	第三类型	0.000	0.375	0.500	0.125	0.000	8
	第四类型	0.030	0.152	0.091	0.727	0.000	33
	第五类型	0.000	0.000	0.000	0.000	0.000	0

续表

空间滞后项	$t/t+i$	L_1	L_2	L_3	L_4	L_5	N_i
L_2	第一类型	0.647	0.294	0.000	0.059	0.000	17
	第二类型	0.121	0.636	0.121	0.121	0.000	33
	第三类型	0.000	0.333	0.667	0.000	0.000	3
	第四类型	0.000	0.100	0.050	0.850	0.000	20
	第五类型	0.000	0.000	0.000	0.000	0.000	0
L_3	第一类型	0.875	0.125	0.000	0.000	0.000	8
	第二类型	0.231	0.538	0.077	0.154	0.000	13
	第三类型	0.111	0.333	0.445	0.111	0.000	9
	第四类型	0.000	0.047	0.000	0.860	0.093	43
	第五类型	0.000	0.000	0.000	0.333	0.667	3
L_4	第一类型	1.000	0.000	0.000	0.000	0.000	6
	第二类型	0.000	0.445	0.222	0.333	0.000	9
	第三类型	0.000	0.143	0.571	0.286	0.000	7
	第四类型	0.071	0.018	0.857	0.054		56
	第五类型	0.000	0.000	0.000	0.353	0.647	17
L_5	第一类型	0.000	0.000	0.000	0.000	0.000	0
	第二类型	0.000	0.500	0.250	0.250	0.000	4
	第三类型	0.000	0.000	1.000	0.000	0.000	1
	第四类型	0.000	0.026	0.026	0.842	0.105	38
	第五类型	0.000	0.000	0.000	0.500	0.500	14

说明：L_1、L_2、L_3、L_4、L_5 这五种居民消费状态分别对应（0，0.8666）、（0.8666，0.9578）、（0.9578，1.0366）、（1.0366，1.1835）、（1.1835，+）5 个居民消费区间；N_i 是各组出现的频数。

中国相对省域居民消费的空间马尔可夫链概率矩阵的特征如下：

（1）空间马尔可夫转移概率矩阵位于对角线上的元素在数值上都大于非对角线上的元素，并且对角线元素的最大值接近 1，最小值为 0.445，这表明居民消费水平增长类型保持不变的概率至少在 44.5% 以上，远远大于居民消费类型发生改变的概率，表明地区居民消费水平增长受到原有居民消费类型的限制，不同居民消费状态的组间流动性较低，在一定时期后省域居民消费所属居民消费类型的稳定性很强。

（2）非对角线上的元素不全为零，且非零的元素都位于对角线的两侧，表明在连续两个年份之间，居民消费类型存在向高层次转移或者向低层次转移的可能性，并且中国省域居民消费实现跨越式发展（如从低居民消费水平直接演化到高居民消费水平）的可能性并不存在。

（3）中国省域居民消费存在比较明显的近邻效应，如果一个省域的周围省域居民消费水平较高，则对该省域居民消费状态向上转移会产生"辐射和带动"的影响；如果一个省域的周围省域居民消费水平较低，则对该省域居民消费状态转移会产生负向的"马太效应"影响。中国省域居民消费水平呈现俱乐部趋同现象，空间马尔可夫链为俱乐部趋同的存在提供了空间上的解释。

5.3 财税政策促进中国居民消费水平的空间计量分析

5.3.1 中国区域居民消费空间相关性检验

由于传统的东部、中部、西部和东北四大区域划分方法存在一定程度的缺陷，仅仅根据地理差异是难以准确而合理地体现不同省域间居民消费水平的差异性。为了揭示中国省域居民消费集聚与空间差异格局，运用空间自相关分析来衡量区域之间整体上的空间关联与空间差异程度，Moran's I 指数反映空间邻接或空间邻近的区域单元属性值的相似程度。因此，本章根据我国区域间居民消费水平空间分布的 Moran's I 指数散点图，将 31 个样本省域划分为高高（HH）、高低（HL）、低高（LH）和低低（LL）四种类型。为了揭示中国区域间居民消费水平集聚与空间差异格局，使用 1999～2012 年这 31 个省域居民消费值计算相关的 Moran's I 值，实证检验中国区域居民消费水平的空间相关性。

$$\text{Moran I} = \frac{\sum\limits_{i=1}^{n} \sum\limits_{j=1}^{n} W_{ij} (Y_i - \bar{Y})(Y_j - \bar{Y})}{S^2 \sum\limits_{i=1}^{n} \sum\limits_{j=1}^{n} W_{ij}}; \quad S^2 = \frac{1}{n} \sum\limits_{i=1}^{n} (Y_i - \bar{Y})^2;$$

$$\bar{Y} = \frac{1}{n} \sum\limits_{i=1}^{n} Y_i \tag{5.8}$$

其中，Y_i 为第 i 个地区的观测值，$\bar{Y}$ 为观测值 Y_i 的平均值，n 为研究区域内空间的观测单元的个数，W_{ij} 为邻接空间权重矩阵，在空间加权矩阵中，相邻的省份对应的元素为 1，不相邻则为 0，得到标准空间加权矩阵 W(31×31)。Moran's I 指数的取值范围为 [-1, 1]。当 Moran's I 指数大于 0，说明居民消费在空间区位上具有正的相关性，居民消费的 Moran's I 指数值越大，说明居民消费的空间依赖性相对越强。居民消费的 Moran's I 指数值越小，说明居民消费的空间依赖性相对越弱；当 Moran's I 指数小于 0，说明居民消费在空间区位上具有负的相关性；当 Moran's I 指数等于 0，说明居民消费在空间区位上不相关。

由于我国幅员辽阔，各区域的税收收入、财政支出和居民消费水平极不平衡，探究财税政策影响居民消费水平及其作用机理时，应该考虑财税收支与居民消费水平的空间效应。已有的研究大多是采用简单的空间邻接关系来设定权重，没有考虑到居民消费活动的空间地理属性和空间经济属性与邻近地区空间单元上属性值所存在的相互影响。为此，本书将采用邻接权重矩阵、地理权重矩阵、经济权重矩阵和混合权重矩阵进行空间计量权重设定。第一类采用邻接权重矩阵，若两个省份在地理上是相邻的，令 $W_{0-1} = 1$，否则为 0。第二类采用距离权重矩阵 W_d（distance based spatial weights matrix），地理权重距离是通过计算省域间地表距离的纬度（latitude）和经度（longitude）构建的，令 $W_d = 1/d_{ij}^2, i \neq j$，否则为 0。第三类采用经济权重 W_e（economic based weights matrix），鉴于不同省域经济发展水平存在空间相关的客观事

实，构建不同经济辐射影响下的经济权重矩阵形式为：令 $W_e = 1/|gdp_i - gdp_j|, i \neq j$，否则为0。其中，$gdp_i$、$gdp_j$ 分别表示 i 省份和 j 省份的人均生产总值。由于经济发展相对速度的不均衡会使得不同空间单元经济属性（经济权重矩阵）是动态变化的，因此，用样本期各省份人均生产总值平均数构建经济权重指标。第四类采用混合空间权重矩阵。地方政府为了实现经济快速增长，往往会进行策略模仿，同时相关研究表明集聚效应会呈现出随着距离迅速衰减的特征，因此，仅考虑地理信息来构造权重并非最佳选择，而要综合考虑地理信息与经济特征来构建综合权重矩阵。该权重矩阵认为，区域间的联系不仅和两者的地理距离有关，而且还受区域经济活跃程度的影响，可以较好地反映出变量作用随着时空距离连续衰退的规律。混合权重矩阵是基于地理权重和经济权重的综合，即考虑了地理距离和经济距离的交互影响对我国区域居民消费水平的影响，具体形式为 $W_m = W_d \cdot W_e$，其中 W_d 为地理权重矩阵，W_e 为经济权重矩阵。具体估算过程中对构造的四类空间权重矩阵进行标准化（row-normalization）处理，确保空间权重矩阵每行元素之和等于1。

在对模型进行回归估计之前，通过对模型做空间依赖性检验，研究结果发现空间依赖性检验呈显著状态。使用 STATA11.0 并结合空间计量软件包测算出 1999～2012 年 31 个样本省域居民消费水平数据，计算得到中国区域居民消费的 Moran's I 值，考察中国区域居民消费水平的空间相关性，刻画中国区域居民消费水平空间差异的变化趋势。由空间相关性检验分析，本书列出了基于四种空间权重矩阵的截面 Moran's I 指数（见图5.3），1999～2012 年中国区域居民消费在邻接权重矩阵、地理权重矩阵、经济权重矩阵和混合权重矩阵下计算的 Moran's I 指数均为正，表明我国区域居民消费存在很强的正空间自相关性；居民消费的 Moran's I 值的正态统计量 Z 值均大于正态分布函数在 0.05 显著性水平下的临界值 1.96，表明我国区域居民消费在空间分布上并非表现出完全随机的状态，而是存在空间上的相互关联性与异方差性，相邻区域居民消费存在正向相互影响的作用，即变量相近的区域存在明显的空间集聚效应和空间溢出效应。从 Moran's I 指数变化趋势来看，居民消费水平在四种不同距离下的 Moran's I 演变轨迹具有较强的相似性，随着时间的推移呈现出较明显的倒 U 形特征态势，通过计算发现我国税收收入和财政支出的 Moran's I 指数同样呈现出明显的倒 U 形特征。为了证明我国政府税收收入、财政支出与居民消费水平发展具有空间溢出效应，因此，本书将对这种影响效应进行时空特征计量分析。

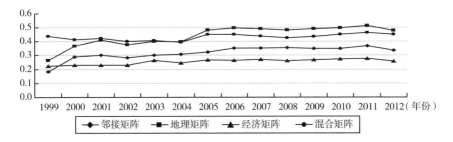

图 5.3　1999～2012 年不同空间权重矩阵下居民消费水平 Moran's I 指数

根据空间聚类分析法测算出邻接矩阵下我国 1999 年和 2012 年居民消费水平的 Moran's I 散点图（见图 5.4 和图 5.5），散点图中每一个点均代表一个特定地区，散点图的作用主要是反映不同地区空间相关模式和聚集分布，以便直观观察中国省域居民消费水平的空间差异特征。我国省域居民消费水平呈现出东高西低的空间分布格局；较高省域居民消费水平的东部沿海地区的溢出效应没有完全扩散出来，省域居民消费水平的非均衡性依然存在。综合图 5.4 和图 5.5 可以看出：2012 年的 Moran's I 值（0.337）要高于 1999 年的（0.184），说明2012 年中国省域居民消费水平的空间依赖性要比 2000 年有所提高。居民消费水平相对较高的省域倾向于在空间上与其他高居民消费水平的省域相联系与相邻近的趋势，同时随着时间的推移，这种居民消费水平的区域集群的趋势形成了进一步自我弱化的态势。从 1999 年和2012 年的 Moran's I 散点图可以看出，大部分省域落在第一象限与第三象限，表明大多数省域与邻接省域体现出相似特征值进而呈现出正相关关系，少数省域之间存在负的空间自相关性。这些表明了中国省域居民消费水平的空间局域差异性和依赖性是同时存在的。

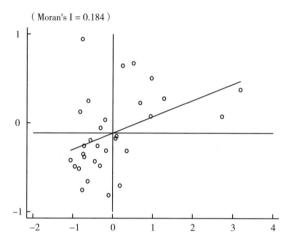

（Moran's I = 0.184）

图5.4　1999年中国省域居民消费水平分位图

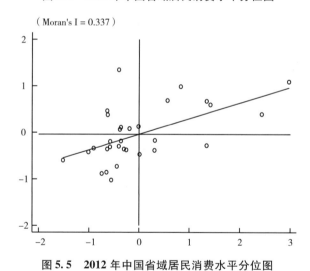

（Moran's I = 0.337）

图5.5　2012年中国省域居民消费水平分位图

由图5.4可知，根据2000年Moran's I指数散点图可以将各省份居民消费水平分为四个象限的集群模式。2000年中国各省域居民消费水平位于第一象限的省份较多，这些高居民消费的省份周围被高居民消费的其他省份所包围（high-high），然而这些省份居民消费水平高，其空间滞后性也高；中国各省域居民消费水平主要位于第三象限，说明中国很多省份是低居民消费水平的省份，并且这些低居民消费水平省份周围被低居民消费水平的其他省份所包围（low-low）。第二象限的省份较少，说明这些省份居民消费水平不高，但与之邻近省份的居民消费水平相对较高（low-high）。第四象限内的省份也比较少，虽然这些省份居民消费水平较高，但其空间滞后性并不高，表明这些省份的周边省份居民消费水平与之还有较大的差距（high-low）。

由图 5.5 可知，根据 2012 年 Moran's I 指数散点图可以将各省域居民消费水平分为四个象限的集群模式。第一象限为高高模式（HH），表示高居民消费水平被其他高居民消费水平省域所包围，有 6 个省份，包括北京、天津、上海、江苏、浙江、福建，这些省份都是 2000 年就已经位于第一象限的，说明这些省份经过 14 年的发展，依然对其相邻省份产生很强的空间效应（极化效应和扩散效应），凭借自身优势并通过空间溢出效应带动了周围省份居民消费水平的普遍提高；此外，处于第一象限的省份主要位于东部沿海地区，说明中国省域居民消费水平的提高与本省份自身经济发展水平相关。第二象限为低高模式（LH），表示低居民消费水平地区被周边其他高居民消费水平地区所包围，有 7 个省份，包括河北、吉林、黑龙江、安徽、江西、山东、海南；出现经济发达省份如山东居民消费水平值较低的原因可能是由于这些省份的人口规模相对较大，相应的经济规模发展不容易使得居民消费能够得到充分发展。第三象限为低低模式（LL），表示低居民消费水平地区被周边其他低居民消费水平地区所包围，落入该区域的省份为居民消费水平提高的盲点区域，有 15 个省份，包括山西、河南、湖北、湖南、广西、重庆、四川、贵州、云南、西藏、陕西、甘肃、青海、宁夏、新疆，这些省份主要位于中西部经济落后地区，说明中西部省份仍然是我国改善居民消费的重点地区，原因可能在于这些省份经济发展步伐和对开放水平相对比较缓慢，相应的居民消费存在负外部性。第四象限为高低模式（HL），表示高居民消费水平地区被其他低居民消费水平地区所包围，有 3 个省份，包括内蒙古、辽宁、广东，这些省份居民消费水平与地区的优惠政策以及经济高速发展是密切相关的，所以这些省份可以从邻省溢出中获取正的外部性。空间结果表明，我国区域居民消费水平具有空间外溢性，这解释了个别经济弱省（如内蒙古）具有较高居民消费水平，而个别经济强省（如山东）却仅有较低居民消费水平的原因所在。由于空间外部性的存在，中央政府有必要对财政投入辐射力强、居民消费水平较低的省份进行更多的投入，以中和这些省份由于"外溢"而造成的损失，并保证其正外部性的效果得以进一步发挥。中国省域居民消费水平的集聚区域与传统的四大经济地带划分方法下的结果存在一定的不匹配性。落入第一象限和第三象限的区域单元较多，约为总数的67.74%，表示在相关变量上存在空间正相关的均质性，表现出正的空间自相关（即同类地区的聚集）；而落入第二象限和第四象限的地区表示在相关变量上存在空间负相关的异质性，即异类地区的聚集。总体而言，我国省域居民消费水平和经济发展水平空间不协调，这也就意味着，在考察我国省域居民消费水平和财税政策时应考虑可能存在的空间相关性。

5.3.2 空间计量回归模型

由于中国各区域之间存在着客观的经济或社会联系，社会系统通常具有空间相关性，子系统之间的互动会产生外溢效应。在此背景下需考虑利用空间计量模型来分析财政政策因素对中国省域居民消费水平的空间自相关和空间异质性。这是因为财税政策通过集聚效应产生的技术进步不仅有赖于地区本身的经济特征，还会通过人员流动、资本输出、知识扩散等经济活动与近邻地区形成溢出效应，多数研究已经证实了区域间产业集聚有着明显的"受外溢效应"。从这个角度来看，财政政策作为地方政府活动在空间上的承载手段，财政政策也存在跨区域空间溢出效应，即某一地区的经济活动不可避免地对周边地区具有扩散效应或者回流效应，从而促进或者抑制本地区居民消费水平。因此，在分析财政政策影响我国地区居民消费水平时引入空间计量模型是十分必要的，构建静态空间杜宾模型（spatial durbin model，SDM）和动态空间杜宾模型（dynamic spatial durbin model，DSDM）形式如下：

$$consume_{it} = \left(\rho \sum_{j=1}^{N} W_{ij} consume_{it} + \beta X_{it} + \sum_{k=1}^{K} \left(\theta_k \sum_{j=1}^{N} w_{ij} x_{kjt} \right) \right)$$
$$+ \mu_i + \nu_t + \varepsilon_{ij} \tag{5.9}$$

$$consume_{it} = \sum_{j=1}^{n} \xi_j consume_{it-1} + \left(\rho \sum_{j=1}^{N} W_{ij} consume_{it} + \beta X_{it} \right.$$
$$\left. + \sum_{k=1}^{K} \left(\theta_k \sum_{j=1}^{N} w_{ij} x_{kjt} \right) \right) + \mu_i + \nu_t + \varepsilon_{ij} \tag{5.10}$$

$$\varepsilon_{it} = \lambda \sum_{j=1}^{N} w_{ij} \varepsilon_{jt} + \mu_{it} \tag{5.11}$$

式（5.9）~式（5.11）中，下标 i 和 t 分别表示第 i 个省份和第 t 年。μ_i 和 ν_t 分别表示地区性和时间性扰动项，ε_{ij} 为随机扰动项。ρ 为空间滞后系数，λ 为空间误差系数。W_{ij} 为 $NT \times NT$ 的空间权重矩阵，N 为横截面样本个数，T 为样本年度；空间权重矩阵包括了邻接权重矩阵、地理权重矩阵、经济权重矩阵和混合权重矩阵。x_{kjt} 表示第 j 个地区第 t 年第 k 个自变量，x 包括税收负担、税收收入结构、政府规模、财政支出结构和其他控制变量，其他控制变量包括收入水平、居民消费心理、流动性约束、人力资本水平、人口结构、房价和城市化水平。此外，为了反映居民消费在现实中可能具有的惯性特征和"自我增强机制"，在自变量中加入了居民消费滞后一期 $consume_{it-1}$ 来测量自我增强机制的影响程度，从而进一步检验模型的稳健性。

我国人均政府税收收入由 1999 年的 545.70 元上升到 2012 年的 5064.11 元，增长了 9.28 倍，年均增长率达到 18.82%；地方政府支

出由 531 元上升到 10192 元，增长了 19.19 倍，年均增长率达到
15.09%。图5.6 和图 5.7 给出了 31 个样本省份 1999 年、2006 年和
2012 年人均税收收入和人均政府财政支出的核密度图，人均税收收入
和人均政府财政支出也呈现出逐年提升的态势，省域间出现了多个增
长俱乐部，政府税收收入和财政支出水平在省域间表现出较为明显的
区域差异性。从理论分析可知，政府税收收入、财政支出与居民消费
水平之间呈现明显的空间分布状态，为了得到可靠的结论，下文将通
过空间溢出效应进行计量分析。

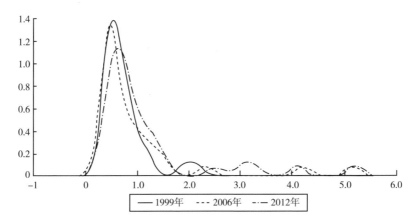

图 5.6　中国省域人均税收收入的核密度估计

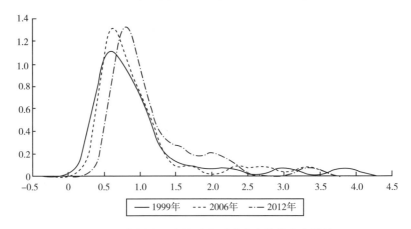

图 5.7　中国省际人均政府财政支出的核密度估计

5.3.3　计量结果与分析

5.3.3.1　税收政策对居民消费水平的空间溢出效应分析

在对模型进行回归估计之前，通过对模型做空间依赖性检验发现空间依赖性检验呈显著状态，使用 STATA11.0 并结合空间计量软件包测算出 1999～2012 年 31 个样本省域的相关数据计算，得到中国省域税收收入的 Moran's I 值，考察中国省域税收收入的空间相关性，刻画中国省域税收收入空间差异的变化趋势。说明中国省域税收收入存在空间上的相互关联性与异方差性，相邻省域税收收入水平存在正向相互影响的作用。由空间相关性结果可知，1999～2012 年中国省域税收收入的 Moran's I 指数均为正，Moran's I 的正态统计量 Z 值都通过了在 0.01 水平下的临界值（1.96），这说明 31 个样本省域税收收入并非表现出完全随机的状态，而是呈现出显著的地区间空间依赖性。根据空间聚类分析法给出了 1999 年和 2012 年中国省域税收收入的 Moran's I 指数散点图（见图 5.8 和图 5.9），以便直观观察税收收入的空间差异特征。

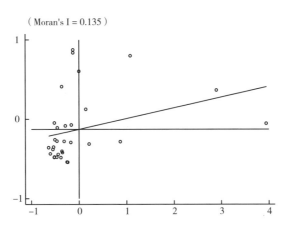

图 5.8　1999 年中国省域税收收入水平分位图

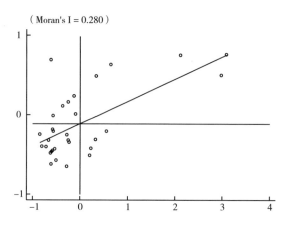

（Moran's I = 0.280）

图 5.9　2012 年中国省域税收收入水平分位图

从税收收入模型估计结果的调整 R^2 可知，SDM 模型的拟合程度为 0.964～0.979，这证实了中国税收政策促进居民消费水平在地区分布确实存在空间自相关性。空间自回归系数（ρ）显著水平达到 5% 显著性检验，说明中国居民消费水平和相邻省域居民消费水平确实存在正向的空间依赖关系（正的空间溢出效应），邻近省域居民消费水平对本省域居民消费水平有正向影响，且相邻省域居民消费水平的提高将有助于本省域居民消费水平的提高，且本地区还会将这种效应传递给其他相邻地区。模型估计中豪斯曼检验 P 值小于 0.1，表明空间固定效应模型优于空间随机效应模型，选择空间固定效应模型的估计结果进行具体分析。运用 DSDM 模型进行模型稳健性检验，研究发现变量方向基本上与 SDM 模型估计结果一样，说明研究检验结果具有可信度。计算结果如表 5.3 所示。

表 5.3　　税收政策对居民消费水平的空间溢出效应估计结果

变量	SDM 模型				DSDM 模型			
	模型I	模型II	模型III	模型IV	模型V	模型VI	模型VII	模型VIII
$consume_{it-1}$					0.821*** (37.318)	0.814*** (37.000)	0.826*** (37.545)	0.809*** (36.773)

续表

变量	SDM 模型				DSDM 模型			
	模型Ⅰ	模型Ⅱ	模型Ⅲ	模型Ⅳ	模型Ⅴ	模型Ⅵ	模型Ⅶ	模型Ⅷ
tax_burden_{it}	0.153***	0.161***	0.200***	0.173***	0.019*	0.027*	0.028*	0.025*
	(4.081)	(4.449)	(4.981)	(4.803)	(1.727)	(1.688)	(1.867)	(1.663)
$tax\_structure_{it}$	−0.019**	−0.023*	−0.016*	−0.028*	−0.010*	−0.009*	−0.011*	−0.011*
	(−1.989)	(−1.928)	(−1.932)	(−1.938)	(−1.667)	(−1.670)	(−1.655)	(−1.668)
$income_{it}$	0.275***	0.280***	0.196***	0.263***	0.058***	0.059***	0.048**	0.056***
	(7.277)	(7.448)	(5.100)	(7.349)	(3.222)	(3.105)	(2.400)	(2.800)
$psychology_{it}$	−0.044***	−0.049***	−0.037**	−0.050***	−0.026***	−0.028***	−0.029***	−0.027***
	(−3.041)	(−3.526)	(−2.340)	(−3.377)	(−3.714)	(−4.667)	(−4.833)	(−4.500)
$liquidity\_constrain_{it}$	−0.005	−0.005	−0.004	−0.005	−0.014	−0.014	−0.014	−0.014
	(−0.938)	(−0.947)	(−0.677)	(−0.979)	(−0.904)	(−0.895)	(−0.914)	(−0.893)
$human_{it}$	0.020*	0.031*	0.065*	0.032*	0.020*	0.030*	0.021*	0.031*
	(1.682)	(1.755)	(1.652)	(0.828)	(1.726)	(1.823)	(1.721)	(1.822)
$population\_struture_{it}$	−0.586***	−0.746***	−0.898***	−0.939***	−0.090***	−0.075**	−0.064***	−0.062***
	(−3.964)	(−5.243)	(−6.018)	(−6.575)	(−5.294)	(−1.975)	(−4.000)	(−3.444)
$house\_price_{it}$	0.169***	0.144***	0.170***	0.127***	0.045***	0.035**	0.032***	0.035**
	(4.950)	(4.245)	(4.999)	(3.965)	(2.813)	(2.333)	(2.133)	(2.500)
$urban_{it}$	0.438***	0.428***	0.460***	0.476***	0.117**	0.111**	0.106**	0.132***
	(4.285)	(4.245)	(4.210)	(4.760)	(2.543)	(2.265)	(2.304)	(2.870)
$W \times tax\_burden_{it}$	−0.150*	−0.135*	−0.152**	−0.157**	−0.090***	−0.082**	−0.045**	−0.083**
	(−1.844)	(−1.692)	(−1.932)	(−1.946)	(−2.571)	(−1.986)	(−1.968)	(−2.035)
$W \times tax\_structure_{it}$	−0.107**	−0.127**	−0.145**	−0.124**	−0.116**	−0.110**	−0.115**	−0.113**
	(−1.969)	(−2.062)	(−2.153)	(−2.040)	(−2.012)	(−2.007)	(−2.010)	(−2.008)
$W \times income_{it}$	−0.268***	−0.342***	−0.308***	−0.269***	−0.140***	−0.192***	−0.139***	−0.100***
	(−4.709)	(−4.393)	(−4.075)	(−4.534)	(−3.500)	(−4.047)	(−3.059)	(−2.841)
$W \times psychology_{it}$	0.036*	0.077***	0.012**	0.059*	0.018*	0.015*	0.018*	0.014*
	(1.736)	(2.585)	(2.243)	(1.862)	(1.912)	(1.825)	(1.919)	(1.820)
$W \times liquidity\_constrain_{it}$	−0.007	−0.012	−0.011	−0.018	−0.009	−0.011	−0.010	−0.008
	(−0.743)	(−0.920)	(−0.621)	(−0.756)	(−0.800)	(−0.733)	(−0.850)	(−0.755)

续表

变量	SDM 模型				DSDM 模型			
	模型Ⅰ	模型Ⅱ	模型Ⅲ	模型Ⅳ	模型Ⅴ	模型Ⅵ	模型Ⅶ	模型Ⅷ
$W \times human_{it}$	0.093	0.034	0.106	0.082	0.067	0.022	0.029	0.020
	(1.388)	(1.374)	(0.970)	(1.194)	(1.039)	(1.047)	(1.051)	(1.037)
$W \times population\_$ $struture_{it}$	0.211*	0.372*	0.848**	0.612**	0.296*	0.267*	0.308**	0.304**
	(1.853)	(1.912)	(2.074)	(2.379)	(1.780)	(1.743)	(2.192)	(2.111)
$W \times house\_$ $price_{it}$	−0.104**	−0.131**	−0.189**	−0.106**	−0.044**	−0.027*	−0.028*	−0.029*
	(−1.967)	(−2.439)	(−2.007)	(−2.109)	(−2.031)	(−1.750)	(−1.836)	(−1.928)
$W \times urban_{it}$	−0.179	−0.173	−0.182	−0.308	−0.108	−0.135	−0.124	−0.177
	(−1.120)	(−0.757)	(−0.590)	(−1.704)	(−1.173)	(−1.184)	(−0.905)	(−0.917)
ρ	0.629***	0.838***	0.148**	0.308***	0.174***	0.114**	0.170***	0.123***
	(9.603)	(4.414)	(2.175)	(2.704)	(4.578)	(2.235)	(2.881)	(3.075)
R^2	0.976	0.979	0.964	0.976	0.978	0.978	0.977	0.978
Log L	418.621	436.771	369.033	417.461	624.739	597.379	619.200	599.737

注：＊、＊＊、＊＊＊分别代表在10%、5%和1%的统计水平上显著，括号内为 t 值。模型Ⅰ、Ⅴ采用的是邻接权重矩阵；模型Ⅱ、Ⅵ采用的是地理权重矩阵；模型Ⅲ、Ⅶ采用的是经济权重矩阵；模型Ⅳ、Ⅷ采用的是混合权重矩阵。

采用空间计量模型实证分析税收政策影响居民消费水平空间集聚的过程中，存在显著的"邻里效应（neighborhood effect）"和"空间溢出效应"，实证结果表明，2 个主要变量和 7 个控制变量中有 6 个变量的"邻里效应"估计系数通过显著性检验，说明将空间因素引入税收政策影响居民消费水平集聚的适用性。

税收负担（tax_burden_{it}）对居民消费水平在 1% 的显著性水平下通过检验，且估计系数大于零。税收作为国家强制参与国民收入分配的基本形式，肩负组织财政收入和调节收入分配的重要职能，税收负担对居民消费的影响在很大程度上取决于税收负担对居民收入水平和居民收入差距的影响效应。"十二五"期间我国经济结构实现了由投资主导的粗放式发展战略向依靠消费引领的内源性可持续发展战略转变，处于"生存理性选择"的中国税收收入规模处于合理区间，地方政府实行有增有减的税收政策，将税收的增量部分支出于居民基本生活领域的税负水平，并且为扭转国民收入分配失衡局面，国家提高了国民收入初次分配中劳动者报酬比重和国民收入最终分配格局中居民收入比重，这些"拉力"促进了我国居民消费增长。$W \times tax\_burden_{it}$ 的系数显著为负，即相邻地区税收收入的增加将会降低当地居民消费水平。中国税收收入的区位分布具有明显的"黑洞效应"特征，地方政府为了实现经济快速增长而产生"税收竞争"，相邻地区税收收入的增加将会促进当地税收收入的增加。随着中国市场一体化进程的不断推进，相邻地区在信息共享和贸易往来联系愈发紧密，并逐渐形成了"共享市场平台"，进而税收收入发展在一定程度上形成"攀比模式"，使得各地区政府资源配置能力和资金配置效率有所降低，根本上没有改变财政资源流向，政府影响居民消费行为的收入"示范效应"和居民从经济增长的"涓滴效应"中受益十分有限，因而相邻地区税收负担的增加对本地区居民消费水平呈现空间负相关关系。

以间接税为主的税制结构（$tax\_struture_{it}$）对居民消费水平在10%的显著性水平下通过检验，且估计系数为负。由于间接税在市场经济运行中通常都通过转嫁由消费者承担，因此纳税人可以通过提高商品和劳务价格将全部或部分税负转嫁给消费者。我国税收收入中间接税所占比重较高，由企业缴纳的税收比重越高，税收对商品和劳务价格的影响就越大。税收政策根据居民对商品和劳务的需求价格弹性的价格传导机制抑制居民消费水平，居民对商品和劳务的需求价格弹性越大，税收通过价格传导机制抑制居民消费支出的可能性就越大，从而以间接税为主的税制结构会通过收入效应和替代效应在消费者的即期消费与未来消费（储蓄）之间产生负效应，会因间接税的累退效应降低居民消费水平。$W \times tax\_struture_{it}$ 的系数显著为负，即相邻地区以间接税为主的税制结构扩大将会降低当地居民消费水平。中国正处于社会转型的关键时期，地方政府投资主要集中于基础设施建设、基础性产业的发展和高新技术产业的开发等领域，通过推动大型项目和土地收入来获得经济建设中所需要的税收收入，创造良好的"生态环境"，而对投资的社会效益最大化缺乏考虑。因此，以间接税为主的税制结构倾向性使得其对城镇居民消费水平的提升能力不足。

5.3.3.2　财政支出政策对居民消费水平的空间溢出效应分析

在对财政支出模型进行回归估计之前，同样需要使用 STA-TA11.0 并结合空间计量软件包测算出 1999～2012 年 31 个样本省域的相关数据，计算得到中国省域财政支出的 Moran's I 值。由空间相关性结果可知，1999～2012 年中国省域财政支出的 Moran's I 指数均为正，Moran's I 的正态统计量 Z 值都通过了在 0.01 水平下的临界值（1.96），说明中国省域财政支出存在空间上的相互关联性与异方差性，相邻省域财政支出水平存在正向相互影响的作用。本书根据空间聚类分析法给出了 1999 年和 2012 年中国省域财政支出的 Moran's I 指数散点图（见图 5.10 和图 5.11），以便直观观察财政支出的空间差异特征。

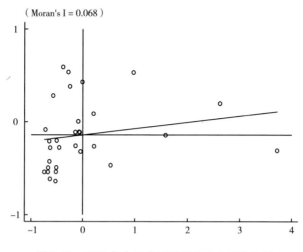

图 5.10　1999 年中国省域财政支出水平分位图

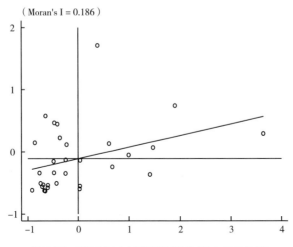

（Moran's I = 0.186）

图 5.11　2012 年中国省域财政支出水平分位图

从财政支出模型估计结果的调整 R^2 知，SDM 模型的拟合程度为 0.963～0.979，这证实了中国财政支出政策促进居民消费水平在地区分布确实存在空间自相关性。空间自回归系数（ρ）显著水平达到 5% 显著性检验，模型估计中豪斯曼检验 P 值小于 0.1，表明空间固定效应模型优于空间随机效应模型，选择空间固定效应模型的估计结果进行具体分析。运用 DSDM 模型进行模型稳健性检验，研究发现变量方向基本上与 SDM 模型估计结果一样，说明研究检验结果具有可信度。计算结果见表 5.4。

表 5.4　财政支出政策对居民消费水平的空间溢出效应估计结果

变量	SDM 模型				DSDM 模型			
	模型 I	模型 II	模型 III	模型 IV	模型 V	模型 VI	模型 VII	模型 VIII
$consume_{it-1}$					0.813 *** (21.394)	0.815 *** (38.810)	0.826 *** (37.545)	0.809 *** (36.772)
$fiscal\_size_{it}$	0.111 *** (3.961)	0.067 *** (3.533)	0.094 *** (3.578)	0.089 *** (3.421)	0.038 ** (2.553)	0.036 ** (2.571)	0.026 ** (2.167)	0.029 ** (2.231)
$fiscal\_structure_{it}$	−0.016 * (−1.888)	−0.018 * (−1.912)	−0.019 * (−1.956)	−0.015 * (−1.674)	−0.060 *** (−5.000)	−0.052 *** (−4.000)	−0.048 *** (−4.000)	−0.058 *** (−4.833)

变量	SDM 模型				DSDM 模型			
	模型 I	模型 II	模型 III	模型 IV	模型 V	模型 VI	模型 VII	模型 VIII
$income_{it}$	0.283 ***	0.343 ***	0.264 ***	0.309 ***	0.066 ***	0.065 ***	0.055 ***	0.053 ***
	(7.759)	(9.759)	(7.967)	(8.997)	(0.014)	(4.643)	(3.235)	(3.118)
$psychology_{it}$	−0.086 ***	−0.073 ***	−0.083 ***	−0.083 ***	−0.045 ***	−0.043 ***	−0.036 ***	−0.041 ***
	(−4.603)	(−4.069)	(−3.864)	(−4.385)	(−5.000)	(−4.333)	(−4.000)	(−4.556)
$liquidity\_constrain_{it}$	−0.001	−0.005	−0.011	−0.001	−0.015	−0.015	−0.013	−0.013
	(−0.132)	(−0.093)	(−0.148)	(−0.205)	(−0.204)	(−0.203)	(−0.204)	(−0.203)
$human_{it}$	0.011 *	0.013 *	0.054 **	0.012 *	0.014 *	0.021 *	0.027 *	0.014 *
	(1.759)	(1.832)	(2.031)	(1.835)	(1.826)	(1.924)	(1.932)	(1.823)
$population\_struture_{it}$	−0.459 ***	−0.607 ***	−0.702 ***	−0.769 ***	−0.139 *	−0.131 *	−0.118 *	−0.131 *
	(−3.071)	(−4.163)	(−4.740)	(−5.417)	(−1.829)	(−1.774)	(−1.788)	(−1.679)
$house\_price_{it}$	0.220 ***	0.189 ***	0.267 ***	0.191 ***	0.046 ***	0.041 ***	0.043 ***	0.045 ***
	(6.972)	(6.044)	(8.044)	(6.523)	(3.286)	(2.929)	(3.071)	(3.462)
$urban_{it}$	0.557 ***	0.589 ***	0.653 ***	0.628 ***	0.093 **	0.102 **	0.112 **	0.114 **
	(5.923)	(6.263)	(6.466)	(6.874)	(1.979)	(2.170)	(2.489)	(2.478)
$W \times fiscal\_size_{it}$	−0.102 **	−0.110 **	−0.138 *	−0.151 **	−0.042 **	−0.074 **	−0.039 **	−0.056 **
	(−2.491)	(−2.170)	(−1.908)	(−2.157)	(−2.000)	(−2.242)	(−2.167)	(−2.333)
$W \times fiscal\_structure_{it}$	−0.052 *	−0.054 *	−0.050 *	−0.050 *	−0.018 *	−0.017 *	−0.030 *	−0.021 *
	(−1.774)	(−1.722)	(−1.891)	(1.680)	(−1.816)	(−1.821)	(−1.912)	(−1.891)
$W \times income_{it}$	−0.205 ***	−0.417 ***	−0.221 ***	−0.243 ***	−0.120 ***	−0.155	−0.136 ***	−0.163 ***
	(−3.782)	(−5.979)	(−3.233)	(−4.559)	(−4.615)	(−4.428)	(−5.913)	(−5.094)
$W \times psychology_{it}$	0.063 **	0.034 *	0.056 *	0.040 *	0.027 *	0.059 *	0.032 *	0.044 *
	(2.192)	(1.789)	(1.826)	(1.922)	(1.688)	(1.841)	(1.719)	(1.831)
$W \times liquidity\_constrain_{it}$	−0.003	−0.003	−0.011	−0.004	−0.011	−0.012	−0.011	−0.008
	(−0.280)	(−0.270)	(−0.607)	(−0.376)	(−0.205)	(−0.355)	(−0.245)	(−0.165)
$W \times human_{it}$	0.107	0.088	0.070	0.081	0.038	0.028	0.022	0.023
	(1.636)	(0.949)	(0.606)	(1.175)	(1.012)	(0.718)	(0.550)	(0.676)
$W \times population\_struture_{it}$	0.207 *	0.243 *	0.625 **	0.556 **	0.141 **	0.196 **	0.316 **	0.256 **
	(1.931)	(1.805)	(2.542)	(2.240)	(2.121)	(2.138)	(2.177)	(2.107)

续表

变量	SDM 模型				DSDM 模型			
	模型 I	模型 II	模型 III	模型 IV	模型 V	模型 VI	模型 VII	模型 VIII
$W \times house\_price_{it}$	−0.117**	−0.159*	−0.130**	−0.133*	−0.036*	−0.046*	−0.042*	−0.041*
	(−2.377)	(−1.903)	(−2.502)	(−1.703)	(−1.689)	(−1.730)	(−1.694)	(−1.692)
$W \times urban_{it}$	−0.184	−0.345	−0.342	−0.363	−0.098	−0.068	−0.023	−0.010
	(−1.631)	(−1.642)	(−1.623)	(−1.602)	(−1.093)	(−1.098)	(−1.134)	(−1.071)
ρ	0.642***	0.814***	0.560***	0.607***	0.187***	0.151***	0.150***	0.135***
	(20.580)	(34.564)	(22.565)	(17.915)	(4.921)	(7.190)	(4.054)	(3.293)
R^2	0.976	0.979	0.963	0.975	0.978	0.978	0.978	0.978
Log L	418.091	434.501	362.744	412.703	631.652	598.747	619.200	600.602

注：*、**、***分别代表在10%、5%和1%的统计水平上显著，括号内为t值。模型 I、V采用的是邻接权重矩阵；模型 II、VI采用的是地理权重矩阵；模型 III、VII采用的是经济权重矩阵；模型 IV、VIII采用的是混合权重矩阵。

政府规模（$fiscal\_size_{it}$）对居民消费水平在1%的显著性水平下通过检验，且估计系数大于零。在我国当时财政分权和行政集权的体制下，存在着中央政府和地方政府的博弈，中央财政转移支付越多，地方政府代理中央完成公共事务的意识就越强，财政资源的稀缺性促使地方政府大力发展"显性经济"；同时，随着中国财政支出的"瓦格纳之谜"现象的出现，政府运用"看得见的手"来纠正市场机制在资源配置中的偏差，参与经济会提供公共物品和解决经济"拥挤"问题，修复"反事实"消费支出增长率与"大同经济"消费支出增长率的偏离程度，财政资源"回流机制"作用于地方政府，实行差异化税收战略和引导社会资本向落后地区流动，从根本上扭转居民间收入差距扩大局面，经济增长能够实现"鞍点路径（saddle point paths）"的长期均衡，从而带动居民消费的相应增长。$W \times fiscal\_size_{it}$的系数显著为负，我国区域经济发展不均衡，地方政府财政支出总量对居民消费水平的影响效应呈现出东、西、中依次递减。东部地区经济较为发达，地方政府较多的财政支出能够提供相对完善的市场环境和公共服务，公共领域的"马斯洛现象"逐渐凸显，即随着居民收入水平增长所引起的公共性需求层次丰富化、多样化，从而引起居民消费对公共管理部门的量与质都提出新要求，推动公共管理部门扩张；而中西部地区的地方政府的财政能力较弱，市场环境建设和公共服务供给就相对滞后，呈现出中部"塌陷"的财政政策效应。那么，由于政绩考核和"晋升锦标赛"的压力，相邻地区财政体制改革的推进和经济实力的增强将会对当地形成"虹吸效应"，相邻政府财政支出规模的扩张在一定程度上减弱了对本地区居民消费在结构和层次上的互补性，从而不利于拉动居民消费增长。

财政支出结构（$fiscal\_struture_{it}$）对居民消费水平在10%的显著性水平下通过检验，且估计系数为负。近年来，我国公共财政存在"缺位"和"越位"的问题，政府业绩考核机制是经济增长的速度，这使得地方政府加快基础设施建设，在政府财力有限的情况下，快速增长的投资性支出以及不断膨胀的消费性支出大大挤占了用于民生性支出的资金，导致民生性支出相对不足的问题十分突出，无法满足经济转型期民生方面对地方政府财政支出的需求；此外，政府消费性支出是国家政府部门维持正常运转的必要条件，但政府行政机构规模与经济发展不匹配，政府消费性支出的增长并没有完全投入公用经费中，地方政府无法提供应有的服务性支出，从而不能对居民消费水平起到刺激作用，反而出现了"倒逼机制"现象。$W \times fiscal\_struture_{it}$的系数显著为负，"GDP数据锦标赛"政府官员考核制度使得地方政府更倾向于将财政资源投资于能获得短期经济效益的经济增长见效快的领域，我国中西部地区政府财力相对不足，与居民消费成互补关系的公共物品和公共服务的供给上较为匮乏，各地区财政支出对居民消费水平的门槛效应因素也表现出显著差异，"邻居效应"使得地区间的竞争日益激烈，形成"弱肉强食"、利润空间逐步缩小的典型"红海区域"，从而对居民经济收入增长及消费水平的提高产生抑制作用。

5.3.4　结论与政策建议

"邻里效应"主要考察的是非对称信息条件下居民消费行为通过意识决策和行为模仿的行为。本章运用核密度函数及马尔可夫链分析方法考察中国省域居民消费水平的集聚格局和时空跃迁。核密度估计结果显示中国省域居民消费水平之间的差距有所缩小、高低居民消费俱乐部之间的差距趋于平缓。"邻里效应"是居民消费市场典型的普遍性现象，消费者具有"从众性"行为特征和"感性消费"现象，"口碑效应"在我国居民群体中更为突出，而行为的相互依赖和社会互动的存在预示居民消费可能存在着多重均衡效应，从而导致高经济发展水平和高居民消费水平集聚的均衡状态，低经济发展水平和低居民消费水平集聚的均衡状态。马尔可夫链转移概率矩阵反映出，中国省域居民消费水平分布内部各地区相对位置的长期动态演进趋向中呈现俱乐部趋同现象，居民消费水平分布内部各地区相对位置的稳定性较强，居民消费实现跨越式发展的可能性并不存在。东部沿海地区市场一体化进程和扩大居民消费的政策放大了"邻里效应"的正面效应，从而促使东部沿海地区居民消费处于高水平集聚的均衡状态；中西部地区经济发展较落后，加之内在"习惯效应"因素放大了"邻里效应"的负面效应，使得中西部居民消费被长期"锁定"在低水平均衡中。空间相关性结果显示我国居民消费水平的空间集聚呈现明显的"核心—外围"模式。从整体上来看，我国居民消费的空间集聚呈现以东部沿海地区为"高高集聚"的核心区域，以中部地区"高低集聚"和"低高集聚"、以西部地区"低低集聚"的外围区域分布特征。探索性空间数据分析进一步检验我国税收收入与财政支出的空间集聚模式。因此，税收收入与财政支出的空间区位分布也就解释了居民消费水平空间集聚模式的原因。采用空间杜宾计量研究发现，税收负担和政府财政支出规模对我国区域居民消费水平具有正向的传导作用，同时存在着负的空间外溢性特征；以间接税为主的税制结构和以投资性支出和消费性支出为主的财政支出结构则抑制了我国区域居民消费水平，同时存在着负的空间外溢性特征。因此，促进我国区域居民消费水平提高的关键点在于需要考虑空间因素下的财税政策合理制定与实施。

第一，适当赋予地方政府税收政策制定权，改变全国"一刀切"模式，实现税收政策与区域差异的匹配。政治资源的稀缺性促成地方政府倾向于投资扩张，在短期内扩大税基和增加"GDP 显性指标"。随着中央不断改变转移支付，由税收返还及增长奖励为主逐步转向以专项补助为主，改变了地方政府以投资扩张为主的经济发展模式，从而改善了地方政府行为。在制定刺激居民消费需求的税收政策时，必须充分考虑我国典型的二元经济结构，重点考虑城乡居民的消费差异，充分发挥"消费示范"作用来扩大国内消费需求。在提高国民收入、保障居民生活水平的经济发展过程中，国家税收优惠政策改善着城镇居民的消费行为和消费结构，在改善消费环境、解除居民消费束缚上有所作为。此外，应该根据不同区域进行税收政策改革。经济落后地区意味着居民收入水平也较低，应考虑地区经济水平的差异、物价因素、收入负担能力等实行税收政策的动态调整机制。中低收入群体是消费意愿最为强烈的群体，利用所得税增加中低收入阶层居民可支配收入。

第二，区域居民消费存在明显的"棘轮效应"，居民消费的财税政策效果同样存在区域差异，这与区域经济发展水平和财政支出的性质不同有关。经济发达地区由于政府财政能力较强，可以提供较为完善的社保体系和财政补贴，从而降低居民未来预期支出的不确定性，降低其流动性约束，提高居民的人力资本质量，"人才红利"和"中国制造"品质的提升能够迅速体现在要素市场的价格上，从而获得收入增长机会。发达地区政府可通过加强投资支出的管理和使用，建立科学化、民主化、法制化的政府投资决策体制，达到优化投资结构和提高政府投资资金的使用效率，实现对居民消费水平的挤入效应。此外，长期以来财政支出的区域差异，造成了地方政府投资支出的决策偏向性发展扭曲。各级政府应重视财政支出对经济落后地区的适当倾斜，优化财政支出结构的手段选择上，要以增量调整为主、存量调整为辅，由此充分体现出区域经济发展水平差异和公共服务均等化，构筑社会"安全网"，降低居民预防性支出的预期，刺激居民增加当期消费。最后，对于财政支出效用辐射能力较强的地区，政府需提高财政投入力度，以促进财政支出外部正向溢出效应的充分发挥，合理调配与优化财政支出的区域空间结构，构建区域联动机制的经济发展大融合，从而促进其他地区居民消费水平的增长。

第三，我国国土面积辽阔，区域间自然条件迥然不同，决定着区域发展的不平衡性。居民消费在国民生产总值中呈现出"喇叭形"的增长模式。财税政策通过资源配置功能熨平区域经济发展的不平衡，财税政策的实施需要充分考虑不同区域客观存在的差异性，运用税收政策和财政支出政策实施的"组合拳"，既要减弱税收规模对居民消费挤入效应的负面影响，又要增强政府规模对居民消费挤入效应的正面效应。因此，政府在制定相关政策时，应考虑到财政支出结构优化对均衡发展的重要性，适当加大对中西部的财政投入，增加居民收入、提高居民消费能力和缩小城乡居民消费支出的差距，最终实现我国四大区域协调发展：东部新跨越（转型东部）、西部大开发、中部崛起、振兴东北。区域居民消费的空间效应具有溢出效果，因此应扩大区域内居民消费支出，从而带动区域内各省份的经济增长。东部沿海发达地区经济发展水平相对较高，居民消费观念和居民消费行为具有"标新立异"和"与众不同"的追求，城乡居民平均自发消费水平也相对较高，依靠自身优势带动相邻地区居民消费的发展，政府应根据"邻里效应"顺应消费能力提升的趋势，重视财税支持政策引导居民消费，利用财政杠杆和财政支持政策，开发居民消费潜力空间。改善中西部地区"人力资本空洞化"，给予针对市场的企业以税收减免、财政补贴或完善基础设施建设等鼓励支持措施，形成竞争较少和潜力巨大的居民消费"蓝海市场"。

5.4 扩展性分析

刘建民等（2015）采用空间聚类分析方法研究了中国省域税收收入空间分布特征，并通过分位数回归模型分析了税负水平、税收结构和税收不确定性对我国居民消费水平在不同分位点上产生的区域效应。实证结果表明，在参数异质性假设条件下，税收负担挤入居民消费水平，而税收不确定因素挤出居民消费水平；商品税、所得税与财产税对居民消费水平的影响，在不同税收收入水平下，呈现出具有差异性的区域空间特征。

5.4.1 分位数回归结果分析

本书分别对全国及根据我国税收收入区域空间分布划分的高税收地区（高高 HH、高低 HL）和低税收地区（低高 LH、低低 LL）影响居民消费水平的税收政策因素进行分位数回归，分位点选取为 0.10、0.25、0.50、0.75 和 0.90，同时运用自助抽样法（bootstrap）进行 100 次抽样来求得标准误，以削弱分位数回归模型误差项未知的干扰（见表 5.5）。

表 5.5　税收政策影响我国居民消费水平的分位数回归结果

区域	变量	分位点				
		0.10	0.25	0.50	0.75	0.90
全国	税收负担	2.846 ***	2.235 ***	2.192 ***	2.422 ***	2.418 ***
	商品税	−0.515 ***	−0.411 ***	−0.381 ***	−0.288 ***	−0.321 ***
	所得税	0.207 **	0.188 ***	0.225 ***	0.138 **	0.189 ***
	财产税	0.747 ***	0.873 ***	0.889 ***	0.763 ***	0.781 ***
	税收不确定性	−2.419 **	−1.936 ***	−2.358 ***	−3.052 ***	−2.757 ***
	常数	0.136 ***	0.169 ***	0.232 ***	0.310 ***	0.318 ***
	R^2	0.556	0.604	0.629	0.671	0.709

续表

区域	变量	分位点				
		0.10	0.25	0.50	0.75	0.90
高税收地区	税收负担	1.576 ***	1.639 ***	1.700 ***	1.274 ***	1.104 **
	商品税	− 1.130 ***	− 1.024 ***	− 1.056 ***	− 1.123 ***	− 1.104 ***
	所得税	− 0.925 ***	− 0.845 ***	− 0.953 ***	− 1.012 ***	− 1.015 ***
	财产税	− 0.361 **	− 0.204 **	− 0.377 *	− 0.355 *	− 0.346 *
	税收不确定性	− 3.724	− 1.145	− 0.491	− 0.702	− 3.461
	常数	0.157 ***	0.146 ***	0.155 ***	0.169 ***	0.172 ***
	R^2	0.771	0.751	0.729	0.725	0.725
低税收地区	税收负担	3.459 ***	3.375 ***	3.586 ***	3.211 ***	2.927 ***
	商品税	0.571 ***	0.544 ***	0.523 ***	0.289 ***	0.288 ***
	所得税	0.271 ***	0.248 ***	0.233 ***	0.097 **	0.135 **
	财产税	0.429 ***	0.562 ***	0.554 ***	0.626 ***	0.709 ***
	税收不确定性	− 4.143 ***	− 4.800 ***	− 4.591 ***	− 2.012 ***	− 7.390 **
	常数	0.124 **	0.149 ***	0.166 ***	0.357 ***	0.374 ***
	R^2	0.591	0.593	0.605	0.622	0.625

注：***、**、*分别表示在1%、5%、10%水平下显著。

首先，在税收负担因素的影响方面。在各分位点上，税收负担对全国及其区域居民消费水平均在5%的显著性水平下通过检验，且估计系数均大于零。税收收入增加使得政府拥有更多的财力并通过政府转移性支付达到提高低收入水平居民群体的支付能力，从而有助于缓解我国区域居民收入不平等现象，促使国民收入分配从"政府偏向型"向"居民偏向型"转变，避免"国富民穷"现象的产生，促进居民可支配收入的增长，从而最大限度地提升我国整体的居民消费水平。

其次，在税制结构因素的影响方面。一是商品税对居民消费水平的影响。在低税收地区估计系数通过1%的显著性水平检验，且估计系数为正，说明商品税占比的变动在税收收入水平较低的地区才会产生明显的引致作用，而且随着分位点的上升，商品税影响居民消费水平的系数是递减的，这表明我国此类地区居民消费水平越高，其受商品税占比变动的影响越小。近年来政府改变商品税的征收方式，商品税通过在不同商品间征税对居民消费结构进行调节，从而有利于提升低收入者的可支配收入和加快居民即期消费水平的扩张。商品税对居民消费水平在全国及高税收地区估计系数为负值，且估计结果各分位点上都通过了1%的显著性检验，说明商品税占比在全国及税收较高的地区会对居民消费水平产生明显的抑制效应。由于商品税在市场经济运行中通常都通过转嫁由消费者承担，从而商品税会通过收入效应和替代效应在消费者的即期消费与未来消费（储蓄）之间产生负效应，从而会因商品税的累退效应降低全国及其高税收地区居民消费水平。二是所得税对居民消费水平的影响。此类税对全国及低税收地区居民消费水平估计系数通过5%的显著性水平检验，且估计系数为正，表明所得税对此类地区居民消费水平具有挤入效应。所得税具有调节收入的功能，从而能够提高此类地区的居民消费倾向及其居民消费水平。所得税对居民消费水平估计系数在高税收地区通过1%的显著性水平检验，且估计系数为负。高税收地区事实投资较旺，间接抑制了居民消费水平。同时，个人所得税对此类地区居民消费的收入效应大于替代效应，个人所得税在高税收地区挤出了居民消费。三是财产税对居民消费水平的影响。此类税对全国及低税收地区居民消费水平估计系数通过1%的显著性水平检验，且估计系数为正。财产税具有明显的财富效应，并且财产税的征收在一定程度上缓解居民贫富差距，从而提高低收入者当期消费水平。财产税对居民消费水平估计系数在高税收地区估计系数通过10%的显著性水平检验，且估计系数为负。收入及财富在居民中的分配结构是影响居民消费水平的重要因素，目前我国财产税的税基较窄以及税率较低，显著地提高了高税收地区居民进行储蓄和积累财富的积极性，减少了居民的即期消费水平。

最后，在税收不确定性因素方面。税收的不确定性对全国及低税收地区居民消费水平估计系数通过5%的显著性水平检验，且估计系数为负；在高税收地区估计系数均没有通过显著性水平检验。税收收入不确定性主要是指社会居民对税收收入预期与实际税收收入偏差，会间接影响到居民消费行为选择。近年来我国居民收入总额处于上升趋势，但居民消费率却呈下降趋势，主要原因是税收收入的不确定性和浮动性影响居民对未来税后可支配收入的预期，带来对未来消费能力预期与风险预期的不稳定，加大了预防性储蓄并降低了居民消费水平。

5.4.2　结论与政策建议

本节采用空间聚类分析方法研究了中国省域税收收入水平空间分布特征，并利用分位数回归法分析了税负水平、税收结构以及税收不确定性对我国不同区域居民消费水平的影响效应。研究结果发现，税收负担挤入居民消费水平，而税收不确定因素挤出居民消费水平；商品税、所得税与财产税在影响我国居民消费水平上呈现出区域特征，具体而言，在低税收地区，商品税、所得税、财产税对居民消费水平具有正向的引致作用；在高税收地区则具有反向的抑制作用。因此，税收政策对我国居民消费水平的影响程度，与该区域自身税收收入水平高低存在关联性。

因此，要增强税收政策的稳定性，稳定居民对未来税后可支配收入以及消费能力的预期。理性预期理论认为，居民对收入的预期直接影响着当前的消费水平，因此，降低税收收入的不确定性因素，对增加居民消费水平的具有积极正向传导作用。同时，需要财政支出的密切配合，保障中低收入居民的基本生活条件，改善居民对未来收入的良好预期，增强居民的即期消费的信心。

5.5　本章小结

中国居民消费水平非均衡"梯田状分布"（东高西低）现象大体

上与中国地势分布相反，与中国经济四大板块的经济发展规律"共振效应"大致相同。中国区域经济发展新常态出现后，"梯田分布"出现不同的运行规律，四大板块开始脱钩，而地方政府应该结合所在区域的区位特征，实现差异化发展，才能更好地找到自己的定位。根据各省份区位的工业化水平、城镇化水平、产业结构等优势，合理利用省域间"禀赋"具有禀赋差异，破除"区域禀赋差异"的"宿命"，以实现四大区域协调发展。

第6章 财税政策对居民消费的第三方效应检验

鉴于财税政策是调节国民收入分配的有效政策手段，政府除了利用税收手段和财政支出直接影响居民消费之外，还可以运用财税政策作用于收入分配政策，进而对居民消费产生间接影响。为了进一步深入研究财税政策促进居民消费的政策效果分析的全面性，本章将从理论上探讨城乡收入差距对居民消费水平的作用机理，并利用我国省级面板数据重点分析城乡收入差距的第三方外部因素影响财税政策对居民消费水平的影响变化情况，揭示财税政策与居民消费水平间所存在的参数异质性与非线性关系，拓展已有的分析视野，为政府刺激内需的财税政策制定提供理论依据和决策参考。

6.1 引言

关于财税政策促进居民消费水平的现有研究中，研究者大多通过理论分析、模型推导与实证检验来研究财税政策对居民消费水平的影响，进而提出有利于促进居民消费水平的财税政策建议。凯恩斯主义理论认为财税政策在宏观经济领域中能够扮演重要作用。新古典效应针对凯恩斯效应的财政政策展开了激烈争论，财政紧缩的扩张效应假设理论引发了对财政政策非线性效应的广泛关注。布兰查德（Blanchard，1990）、萨瑟兰（Sutherland，1997）、佩罗蒂（Perotti，1999）提出，当政府存在 GDP 负债率时，财政政策就可能具有非凯恩斯效应。贾瓦齐和帕加诺（Giavazzi and Pagano，1990）指出，当财政紧缩和扩张的幅度大而持久时，财政政策对私人消费就会产生非凯恩斯效应。琼森（Jonsson，2007）采用 GMM 估计实证检验 19 个 OECD 国家 1960～2000 年的非平衡面板数据，研究发现在紧缩时期转移支付对私人消费具有非凯恩斯效应。戈宾和范·阿勒（Gobbin and van Aarle，2001）研究财政调整与私人消费之间的关系后发现，财政调整中政府消费存在非凯恩斯效应，而税收收入和转移支付对私人消费非凯恩斯效应无法确定。同时，亚历西娜和阿达尼亚（Alesina and Ardagna，1998）利用 Probit 模型以 OECD 国家数据实证检验财政政策对私人消费的影响效应，研究发现财政政策调整（政府工资和福利性支出的消减）是影响私人消费产生非凯恩斯效应的重要因素。

我国国内学者也开始关注财政政策与居民消费之间的非线性效应作用效果。郭庆旺和贾俊雪（2006）利用面板数据分析结果表明，现阶段实施以增加税收收入为主要方式的稳健财政政策对宏观经济产生了正向作用，我国财政政策对经济增长存在显著的非线性效应，财政政策成功转型关键在于应以增加财政收入为主和尽量保持财政收支同步增长。张明喜和高倚云（2008）、王立勇和高伟（2009）实证结果表明，财政政策具有凯恩斯效应和非凯恩斯的双重效应，即中国的财政政策存在显著的非线性效应；文章从非瓦尔拉斯均衡理论分析认为，初始财政条件和财政调整幅度等因素不是中国财政政策非线性效应产生的主要原因。方红生和张军（2010）运用马尔可夫区制方式划分中国财政政策时期，实证结果表明中国财政政策在正常时期和非正常时期分别表现为非凯恩斯效应和凯恩斯效应，预期机制和非线性效应得以证实。储德银和黄文正（2010）从理论和实证分析角度认为，财政政策通过投资和消费两种渠道发生非凯恩斯效应，财政紧缩的大小和持续时间长短是财政政策对居民消费需求产生非线性效应的原因。方红生和郭林（2010）实证检验发现，中国财政政策在正常时期对居民消费表现为非凯恩斯效应，在非正常时期表现为凯恩斯效应，同时证实了中国财政政策对居民消费的非线性效应和预期机制。李树培和白战伟（2009）、陈冲（2011）研究发现，政府支出对居民消费的影响变化呈现出先上升后下降的倒 U 形趋势。储德银和闫伟（2011）研究发现，财政收入在紧缩和扩张两个特殊时期对农村居民消费的总影响均为非线性效应，为中国城乡二元社会背景下后政府未来财政政策抉择对居民消费提供全新思路。刘小川和汪利锬（2014）、毛军和王蓓（2015）实证研究发现，地方政府支出对居民消费水平具有显著的非线性效应，不同地方政府支出水平对于居民消费的影响效应更多取决于当地自身的经济发展水平和外部因素。

综观现有研究，在考察居民消费水平的财税政策因素及效果时发现，财税政策对居民消费水平影响方面存在参数异质性与非线性关系。本书将重点分析城乡收入差距及收入差距程度的第三方外部因素影响财税政策对居民消费水平的影响变化情况。本章以我国除港澳台地区以外的 31 个省区市 1999～2012 年财税政策与居民消费水平的数据，就财税政策对居民消费水平的总体效应作出判断，然后通过构建面板平滑转换（PSTR）模型对含有外生变量的函数平滑转变效应和参数进行估计和检验，由此实证检验税收政策对居民消费水平非线性效应的存在性；同时，通过构建面板门槛回归模型实证分析财政支出政策对居民消费水平的非线性效应。

本章相关原始数据来源于历年的《中国财政年鉴》《中国统计年鉴》《新中国六十年统计资料汇编》和各省区市统计年鉴；商品房销售价格来源于国家统计数据库。考虑到各省区市在 1999～2012 年均先后经历了通货膨胀或通货紧缩，为了增强实证检验结果的可信度，所有变量均以 1999 年为基期利用价格指数进行平减，为了消除异方差和量纲问题，对所有变量取自然对数，以进一步增加数据的平稳性。此外，数据中涉及的比值是按照每年水平值计算而得的。

居民消费变量包括居民消费水平、居民消费率和居民消费倾向。为了实证分析居民消费与居民收入呈较为稳定的关系，以居民人均消费支出表示居民消费水平，居民人均消费支出（$consume\_level_{it}$）=

（城镇人口×城镇人均消费＋农村人口×农村人均消费）/总人口。

税收政策因素，采用税收负担变量（tax_burden_{it}）和税制结构变量（$tax\_struture_{it}$）反映税收政策变量。税收负担以税收收入占本省域生产总值的比重来表示；税制结构，根据 IMF 和 OECD 的税收制度分类方法，直接税包括各种所得税、房产税、遗产税、社会保险税等税种；间接税包括关税、消费税、销售税、货物税、营业税、增值税等税种，根据数据的可得性，近似地，税制结构（$tax\_struture_{it}$）＝间接税/直接税＝商品税/（所得税＋房产税）。

财政支出因素，采用政府规模变量（$fiscal\_size_{it}$）和财政支出结构变量（$fiscal\_struture_{it}$）反映财政支出政策变量。政府规模变量以财政支出占本省域生产总值的比重来表示；财政支出结构变量根据政府财政预算表把具有相似功能或性质的支出项目归类，分为政府投资性支出（$fiscal\_invest_{it}$）、政府民生性支出（$fiscal\_transfer_{it}$）和政府消费性支出（$fiscal\_mananage_{it}$），财政支出结构＝（投资性支出＋消费性支出）/民生性支出。

收入差距变量，采用收入差距绝对数（$income\_gap_{it}$）和收入差距相对数（$income\_theil_{it}$）反映收入差距变量。收入差距绝对数用城镇居民家庭年人均总收入减去农村居民家庭年人均纯收入得到名义城乡收入差距，然后用以 1999 年为基期的居民消费价格指数平减化得到城乡实际收入差距。收入差距相对数，采用泰尔指数度量城乡收入差距程度，其定义和计算公式为：

$$TI_{i,t} = \sum_{j=1}^{2} \left(\frac{I_{ij,t}}{I_{i,t}} \right) - \ln\left(\frac{I_{ij,t}}{I_{i,t}} \bigg/ \frac{P_{ij,t}}{P_{i,t}} \right) \tag{6.1}$$

其中，$j=1,2$，分别表示城镇地区和农村地区；P_i 表示 i 地区总人口，P_{ij} 表示 i 地区城镇或农村总人口；I_i 表示 i 地区总收入，I_{ij} 表示 i 地区城镇或农村总收入。

控制变量包括：

（1）收入水平（$income_{it}$）。收入水平＝城镇人口比例×城镇人均可支配收入＋农村人口比例×农村人均纯收入。

（2）居民消费心理（$psychology_{it}$）。它用政府财政的社会保障支出 G_{it} 与居民对与心理安全有关的商品与服务的实际需求 D_{it} 比值来表示。

（3）流动性约束（$liquidity\_constrain_{it}$）。选取各个省份居民人均年储蓄存款的增加额（ΔS）占居民人均收入（ΔY）的比重来度量居民面临的流动性约束。

（4）人力资本水平（$human_{it}$）。以高中以上教育程度人口占总人口的比重来衡量人力资本水平。

（5）人口结构（$population\_struture_{it}$）。采用各地区人口抚养比来衡量人口结构。

（6）房价（$house\_price_{it}$）。房价由各地区商品住宅销售额除以商品住宅销售面积而得。

（7）城市化水平（$urban_{it}$）。用各省域城镇人口占当地总人口的比例表示。

6.2　收入分配差距与居民消费关系的理论分析

收入水平的高低决定着消费能力的高低，并直接影响居民消费信心、消费欲望和消费潜能。市场失灵或市场缺陷是导致居民收入分配差距不断扩大的原因，市场机制本身对收入分配不公进行有效调节，公平收入分配的力量来自市场外部的政府、社会组织或个人。政府负责弥补市场机制在收入分配领域中的失灵问题，运用"有形之手"制定并实施财税政策，对市场分配不公进行有效调节。

6.2.1　初次收入分配与居民消费水平

初次收入分配（功能性分配）将收入划分为劳动收入和财产收入。通常用劳动者报酬在 GDP 中的占比作为衡量初次收入分配公平程度的重要指标（黄乾和魏下海，2010）。由相关年份的《中国统计年鉴》可知，我国初次收入分配领域中的劳动者报酬在GDP中的占比逐年下降，从1998年的50.54%下降到2012年的40.91%；相反，营业盈余在GDP中的占比从1998年的21.56%上升到2012年32.21%。造成劳动者报酬在初次分配中的比重偏低的原因在于劳动者报酬合理增长的工资机制尚未形成，劳动者所得到的报酬和其贡献相比被大大压低，劳动者报酬增长相对缓慢。党的十八届四中全会提出要努力提高劳动者劳动报酬在初次分配中的比重。初次收入分配中的劳动者报酬占比和初次收入分配结构直接或者间接决定居民消费的总量水平。财税政策对收入分配的影响可以作用于初次收入分配环节。当然政府还可以运用财税政策手段促进劳动者文化、技能素养的提高，从而增强劳动者获取劳动报酬的能力（蔡跃洲，2008）。

6.2.2　收入再分配与居民消费水平

目前，国内学者就收入分配对居民消费影响的研究主要集中于再分配领域，即国民收入初次分配不公与再分配收入差距的迅速扩大业已成为制约居民消费需求的重要原因，而且这种制约强度正在不断增加和逐渐显现。我国城乡居民收入差距与地区居民收入差距以及城乡居民内部收入差距都呈现出不断扩大的趋势。政府可以通过转移支付和税收调节制度在不同收入群体之间起到"削高补低"的作用，即财税政策在再分配领域通常被认为是公平收入分配、缩小收入差距的有效手段，全面分析我国居民收入分配的现状及其对居民消费的作用机理就显得十分必要。

6.2.3　收入分配差距与居民消费水平

经济发展初期的居民收入差距扩大有效地促进了市场经济体制的改革、经济效益的提高以及资源的优化配置，伴随着我国市场机制改革的纵深推进，居民收入差距呈现出全面扩大态势。居民收入在城乡之间、区域之间和不同阶层之间形成不同的分配格局，从而使得居民消费水平和消费结构存在一定程度的差异，因而居民收入分配格局对居民消费水平产生影响。

6.2.3.1 城乡居民收入差距分析

城乡二元社会和经济结构是当前我国经济社会发展的阶段性特征。中国长期以来存在工农业"剪刀差"，农业劳动力价格较低，由此转移到非农部门的农村劳动力的工资也相对较低，且增长较慢。尽管近几年农民工工资的增长速度有所加快，但仍然低于非农部门劳动生产率的增长速度，因此，劳动者尤其是中低收入劳动者的收入水平低、收入增长缓慢是造成劳动份额偏低的重要原因。伴随我国经济持续平稳较快的增长，我国居民收入水平有了较大幅度的提升。其中，城镇居民家庭人均可支配收入从 1978 年的 343.30 元增加到 2012 年的17174.65 元，增加了 49.01 倍，年均增长 153.17%；农村居民家庭人均纯收入也从 1978 年的 133.60 元增加到 2012 年的 5153.20 元，增加了 37.57 倍，年均增长 120.54%。我国城乡居民收入的绝对差距从1978 年的 209.80 元扩大到 2012 年的 11020.20 元。城乡居民的收入之比从 1978 年的 2.57 扩大到 2012 年的 3.31，年均扩大 2.39 个百分点。

6.2.3.2 地区居民收入差距分析

由于我国地区之间经济发展水平存在较大差异，经济发达省份基本上都集中在东部沿海地区，地区经济发展水平的差异也决定和形成了居民收入的地区差异，而且居民收入的地区差距正呈现出不断扩大的趋势。2000 年我国东部、中部、西部和东北地区的城镇居民人均可支配收入分别为 8099.10 元、5271.80 元、5647.90 元和 5026.90 元，其中东部与中部、西部、东北地区的城镇居民收入的绝对差距分别为2827.30 元、2451.20 元和 3072.20 元，与东部差距最大的是东北地区。到 2012 年，东部、中部、西部和东北地区的城镇居民人均可支配收入分别为 20953. 21 元、14367. 11 元、14213. 47 元和 14324. 34 元，其中东部与中部、西部、东北地区的城镇居民收入的绝对差距分别为 6586. 10 元、6739. 74 元和 6628. 87 元，与东部差距最大的是西部地区。

6. 2. 3. 3　不同阶层居民收入差距分析

居民最高收入户与最低收入户的家庭人均可支配收入分别为 1276 元和 437 元，绝对收入差距为 839 元，相对收入之比为 2.91；2000 年的相应数据分别是 12084 元和 2617 元，绝对收入差距变为 9467 元，相对收入之比变为 4.61；到 2009 年之后，城镇居民 10% 的最高收入户与最低收入户的相应数据分别是 46826. 05 元和 5253. 23 元，人均可支配收入的绝对差距进一步扩大为 41572. 82 元，相对收入之比扩大到 8.91。1985 ~ 2012 年城镇居民内部的收入差距年均扩大了 1629. 35 元和 23. 98 个百分点。因此，改革开放至今，居民内部无论是绝对收入差距抑或相对收入差距都呈现出一种不断扩大的趋势。

6. 2. 4　收入差距对居民消费水平的作用机制

收入分配作为影响居民消费的重要因素，当收入水平达到一定程度时，收入的继续增加所能导致居民消费的增加是十分有限的。由凯恩斯的绝对收入假说还能进一步证明，平均消费倾向也随着收入的增加而减少。由于收入分配差距的存在，不同收入阶层之间、城乡之间、地区之间和行业之间的消费水平和消费结构就会存在一定程度的差异，并导致不同收入阶层居民的消费需求不同。在我国，收入差距不仅是市场化改革的伴随产物，而且正呈现不断扩大的趋势。居民收入差距过大和两极分化现象日趋严重，导致后果是："富人低消费" 现象凸显，边际消费倾向递减趋势变化规律；低收入者消费倾向高，但受限于收入水平而无力消费，"穷人无钱消费" 导致社会平均消费倾向降低。

根据凯恩斯的绝对收入理论，首先用 C 和 Y 来表示全社会的总消费和总收入。然后再按照收入水平将居民分为高收入群体和低收入群体，并假设高收入群体的收入和平均消费倾向分别为 Y_1 和 β_1，低收入群体的收入和平均消费倾向分别为 Y_2 和 β_2，其中 $\beta_1 < \beta_2$。另外，$\partial = Y_1/Y(0 < \partial < 1)$ 表示高收入群体收入占总收入的比重，代表收入差距的指标，即 ∂ 越接近于 1 说明收入差距越大，反之差距越小。根据以上定义可以得到以下公式：

$$C = \beta_2 Y + \partial\big[(\beta_1 - \beta_2)Y\big] \tag{6.2}$$

因为 $\beta_1 < \beta_2$、$Y > 0$，所以总消费 C 是居民收入差距系数 ∂ 的单调减函数，即在收入 Y 既定的情况下，总消费随着收入差距的扩大而减少，收入差距扩大对总消费具有抑制作用。根据式（6.2），还可以进一步分析收入在高低收入群体之间的分配对总消费的影响效应。对公式（6.2）两边进行微分可以得到：

$$dC = \beta_1 dY_1 + \beta_2 dY_2 \tag{6.3}$$

由式（6.3）可知，当增加的收入分配给高收入者时，总消费 C 增加 $\beta_1 \Delta Y_1$；反之当增加收入分配给低收入者，则总消费 C 的增量为 $\beta_2 \Delta Y_2$。因为 $\beta_1 < \beta_2$，所以 $\beta_1 \Delta Y_1 < \beta_2 \Delta Y_2$。这说明同一收入增量分配给不同的收入群体，导致总消费的增加效应不同。分配给低收入群体产生的消费增加效应要大于高收入群体，这正是凯恩斯提出所谓的"劫富济贫"式再分配的理论基础。

6.3　税收政策影响居民消费的第三方效应

6.3.1　机理分析与模型设定

6.3.1.1　机理分析

凯恩斯模型认为税收收入对居民消费具有挤出效应，新古典模型则偏向于认为税收收入对居民消费具有正向影响，这意味着税收政策对居民消费水平存在非线性影响效应。理论上认为税收政策对居民消费水平的影响存在 Armey 曲线效应：当税收负担较小时，征税对经济造成的激励扭曲较小，对社会资源配置的扭曲程度较小，有利于社会闲置资源的调动，但是与居民消费成互补关系的公共物品和公共服务可能都稍显不足，那么随着税收规模的增加，不仅不会削弱居民消费能力，政府提供公共产品和公共服务能力的提升反而有利于带动居民消费；当税收规模过分扩张时，政府会对资源配置产生扭曲作用而发生资源错配效应，就容易使政府在国民收入分配中过度挤占居民可支配的消费资源，税收负担带来的负面效应抵消了政府提供公共物品带来正面效应，总净效应可能为负，从而挤出居民消费。为了描述税收政策与居民消费之间的关系，借鉴张淑翠（2011）的研究，令劳动投入 $L=1$，技术系数 $A=1$，资本产出弹性 $\alpha=0.25$，贴现率 $\rho=0.05$，相对风险回避系数 $\theta=2$，运用经验法则进行参数校准，并模拟出税收政策与居民消费之间存在的非线性关系曲线。从图 6.1 可知，税收政策对居民消费水平的影响效应呈现出倒 U 形的曲线特征。此外，为了对税收政策与居民消费之间的关系作出更合理的求证，考虑到不确定性因素的作用力，结合我国财政运行实际情况，在内生经济增长模型

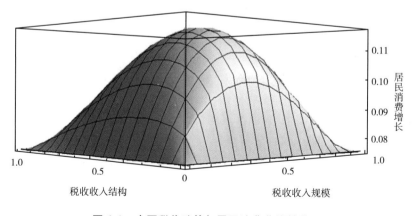

图 6.1　中国税收政策与居民消费非线性关系

中加入城乡收入差距变量，综合考察我国城乡收入差距作用下税收政策对居民消费水平的第三方效应，下文将通过面板平滑转换（PSTR）模型进行实证考察。

6.3.1.2 模型设定

外部因素"量的积累"会引起税收政策与居民消费之间关系"质的改变"，为了验证税收政策对居民消费水平的连续逐渐变化过程的非线性效应，采用冈萨雷斯等（Gonázlez et al.，2004，2005）提出的面板平滑转换模型，对含有外生变量的函数平滑转变效应和参数进行估计与检验，由此体现所分析问题的非线性特征及转换渐进性的行为特征。面板平滑转换模型形式设定如下：

$$Y_{it} = \mu_i + \beta_0 X_{it} + \beta_1 X_{it} f(q_{it}; \gamma, c) + \eta Z_{it} + \varepsilon_{it} \qquad (6.4)$$

其中：Y_{it} 为被解释变量；X_{it} 为被转换解释变量；Z_{it} 为外生控制变量；μ_i 是固定效应；ε_{it} 为随机扰动项；$f(q_{it}; \gamma, c)$ 是以位置参数 c 为中心随着转换变量 q_{it} 连续有界（介于 0 与 1 之间）的跳跃型转换函数，转换函数的设定形式为：

$$f(q_{it}; \gamma, c) = \left\{ \left[1 + exp\left[-\gamma \prod_{i=1}^{m} (q_{it} - c_z) \right] \right] \right\}^{-1} \qquad (6.5)$$

其中：q_{it} 为转换变量；平滑参数 $\gamma > 0$，γ 决定转换函数的斜率，表示转换变量的转换速度；$c = (c_1, \cdots, c_m)'$ 为关于位置参数 c 的 m 维向量，$c_1 < c_2, \cdots, \leq c_m$，$m$ 表示位置参数个数。当 $m = 1$ 和 $\gamma \to \infty$ 时，函数变为门槛回归模型指示函数；当 $m = 1$ 和 $\gamma \to 0$ 时，函数变为标准固定效应线性回归模型。而位置参数 c 决定模型动态变化位置，$m = 1$ 和 $m = 2$ 时分别对应两个和三个门槛状态。当 $m = 1$，且当转换函数 $f = 0$ 时，对应模型的低体制；当转换函数 $f = 1$ 时称为高体制。第 i 个地区在时间 t 上的关系参数可表示为：

$$e_{it} = \frac{\partial Y_{it}}{\partial X_{it}} = \beta_0 + \beta_1 f(q_{it};\gamma,c) \qquad (6.6)$$

e_{it} 在不同体制的参数估计值分别为 β_0 和 β_1，由于 $0 \leqslant f(q_{it};\gamma,c) \leqslant$ 1，因此 e_{it} 实际上是 β_0 和 β_1 的加权平均值；所以若 $\beta_1 > 0$，则 $\beta_0 \leqslant$ $e_{it} \leqslant \beta_0 + \beta_1$，说明关系参数 e_{it} 随着转换变量 q_{it} 的增加而增加；若 $\beta_1 <$ 0，则 $\beta_0 + \beta_1 \leqslant e_{it} \leqslant \beta_0$，则意味着关系参数 e_{it} 随着转换变量 q_{it} 的增加而减少。β_1 的正负符号刻画了税收政策与居民消费水平关系参数 e_{it} 与转换变量 q_{it} 之间的互补（或替代）关系。

在建立 PSTR 模型之前，需要对模型进行异质性和剩余异质性检验的"线性检验"，以考察体制转换效应是否存在非线性效应和是否能充分捕捉变量之间非线性关系，识别税收政策因素与居民消费关系对第三方外部因素变化的敏感度。"线性检验"是对原假设 $H_0:\gamma = 0$ 或 $\beta_1 = \beta_2$ 是否成立进行检验，由于模型含有无法识别的冗余参数，导致检验是非标准分布，解决的方法是在平滑参数 $\gamma = 0$ 处进行等价的"线性检验"标准的假设检验形式，将转换函数 $f(q_{it};\gamma,c)$ 按一阶泰勒级数展开来构造线性辅助回归式：

$$Y_{it} = \mu_i + \varphi_0' X_{it} + \Gamma_1' X_{it} q_{it} + \cdots + \Gamma_m' X_{it} q_{it}^m + \eta Z_{it} + \varepsilon_{it} \qquad (6.7)$$

式中，PSTR 模型的线性假设可以转为检验 $H_0:\Gamma_1 = \Gamma_2 = \cdots = \Gamma_m = 0$。$SSR_0$ 表示 H_0 在固定效应线性面板下残差平方和；SSR_1 表示 H_1 在两体制 PSTR 条件下面板模型的残差平方和。本书的原假设为 $H_0:\theta_1 = 0$，模型拒绝线性假设，可认为 PSTR 模型是合理的，检验定义如下：

$$LM_F = \left[(SSR_0 - SSR_1)/Km\right]/\left[SSR_0/(TN - N - mK)\right] \qquad (6.8)$$

式中，K 为 PSTR 模型解释变量个数，在零假设条件下 LM_F 统计量服从渐进的 $F(mK,TN - N - mK)$ 分布。在"线性检验"拒绝原假设的基础上，必须进行"剩余非线性检验"。考察模型是否只包括一个转换函数（$H_0:r = 1$）或者存在着至少两个转换函数（$H_1:r = 2$）。在基于

$r = 2$ 的备择假设下，PSTR 模型具有以下的表达形式：

$$Y_{it} = \mu_i + \varphi_0' X_{it} + \varphi_1' X_{it} f_1(q_{it}; \gamma_1, c_1) + \varphi_1' X_{it} f_2(q_{it}; \gamma_2, c_2)$$
$$+ \eta Z_{it} + \varepsilon_{it} \tag{6.9}$$

类似于线性检验，将转换函数 $f_2(q_{it}; \gamma_2, c_2)$ 在 $\gamma_2 = 0$ 处进行泰勒展开，构造类似于式（6.7）的线性辅助回归，以检验是否存在"剩余非线性检验"，将式（6.7）在 $\gamma_2 = 0$ 处对 $h_2(q_{it}; \gamma_2, c_2)$ 进行一阶泰勒展开：

$$Y_{it} = \mu_i + \varphi_0' X_{it} + \varphi_1' X_{it} f_1(q_{it}; \gamma_1, c_1) + \Gamma_1' X_{it} q_{it}$$
$$+ \cdots + \Gamma_m' X_{it} q_{it}^m + \eta Z_{it} + \varepsilon_{it} \tag{6.10}$$

"剩余非线性检验"将考察原假设 $H_0: \theta_1 = 0$ 是否成立。首先在给定的 $r = r^*$ 对原假设 $H_0: r = r^*$ 和 $H_1: r = r^* + 1$ 进行检验，若拒绝原假设 H_0，说明模型至少存在 2 个非线性部分，则继续对 $H_0: r = r^* + 1$ 以及相应的备择假设 $H_1: r = r^* + 2$ 进行检验，直到不能拒绝原假设 $H_0: r = r^*$ 为止，此时 $r = r^*$ 为 PSTR 模型包括的转换函数个数。为避免过于庞大的模型，显著性水平选择标准可以随着位置参数个数增加而越来越低，显著性水平选择 $\tau\beta(0 < \tau < 1)$。

对于位置参数 c 个数的确定，采用线性序贯检验法将 $m = 3$ 代入式（6.9）并在 $\gamma = 0$ 处用一阶泰勒级数展开，基于 AIC 和 BIC 准则选择最佳位置参数的个数，$m = 2$ 的 AIC 和 BIC 值小于 $m = 1$ 的情况下选择 $m = 2$ 作为估计模型，否则选择 $m = 1$。PSTR 模型估计通过组内去均值剔除固定效应 μ_i；采用非线性最小二乘法（NLS）对变形后的模型进行估计，根据 $\gamma = 0$ 和 $c_{j\max} < max(q_{it})$, $c_{j\min} > min(q_{it})$, $j = 1, 2, \cdots, m$ 原则确定 γ 和 c 初始值，利用格子搜索法寻找最佳初始值 γ^* 和 c^*，使得 NLS 算法下回归残差平方和最小。

6.3.2　计量结果与分析

为避免面板数据模型回归的估计量出现虚假回归，在对面板平滑转换模型估计之前采用同质面板的 LLC 检验和异质面板的 IPS 检验、ADF-Fisher CH 检验和 PP-Fisher CH 检验对变量进行面板单位根检验，以判断各变量的平稳性。检验结果发现所有变量一阶差分平稳，满足面板协整性检验的要求。实证研究时间跨度为 1999 ~ 2012 年（T = 14），本书分别采用 Pedroni 检验和 Kao 检验的方法进行面板协整检验。检验结果发现拒绝原假设，可以认为变量之间存在面板协整关系。运用面板平滑转换模型检验税收政策与居民消费水平之间的非线性关系，还需要估计解释变量对我国居民消费水平是否存在平滑转变效应，刻画转换变量对税收政策与居民消费关系的非线性影响机制和潜在的非线性机制。表6.1 给出了非线性检验、剩余线性检验服从 F 分布的 LMF 统计量的检验结果，以税收政策和收入差距为转换变量的模型均在5% 显著水平上拒绝线性假设，1% 显著水平上拒绝剩余异质性存在假设，这满足冈萨雷斯等提出的面板平滑转移模型估计的前提要求，因此可以断定面板数据具有显著的异质性。同时，由于存在多个转换变量，在拒绝线性原假设后，必须确定面板平滑转换模型中的位置参数（c）的个数。即表6.1 中 m 的取值。m 值选取最强拒绝线性原假设的模型，基于 AIC 和 BIC 准则选择最佳位置参数的个数。由于 $m = 1$ 的 AIC 和 BIC 值均小于 $m = 2$ 的情况，因此，选择 $m = 1$ 个位置参数是比较合理的，本书给出 $m = 1$ 作为最优位置参数时的参数检验，结果如表6.1 所示。

表 6.1　　　非线性检验、剩余非线性检验与最优模型选择结果

检验类型	$m = 1$	tax_burden			tax_structure		
		LM	LMF	LRT	LM	LMF	LRT
线性检验	$H_0 : r = 0$　vs $H_0 : r = 1$	5.207 (0.000)	2.745 (0.000)	5.576 (0.000)	3.091 (0.000)	6.098 (0.000)	3.216 (0.000)
剩余非线性检验	$H_0 : r = 1$　vs $H_0 : r = 2$	4.229 (0.121)	1.941 (0.145)	4.251 (0.100)	2.811 (0.245)	1.286 (0.278)	2.821 (0.244)
AIC		-2.931			-3.347		
BIC		-2.872			-3.288		

续表

检验类型	$m = 1$	income_gap			income_theil		
		LM	LMF	LRT	LM	LMF	LRT
线性检验	$H_0 : r = 0$ vs $H_0 : r = 1$	6.204 (0.045)	2.894 (0.047)	6.255 (0.002)	3.485 (0.000)	11.847 (0.000)	3.068 (0.000)
剩余非线性检验	$H_0 : r = 1$ vs $H_0 : r = 2$	1.249 (0.535)	0.569 (0.567)	1.251 (0.535)	1.392 (0.692)	6.547 (0.704)	1.416 (0.692)
AIC		−2.749			−2.363		
BIC		−2.689			−2.244		

注：括号内为 P 值，m 表示位置参数个数。

表 6.2 为面板平滑转换模型的最终估计结果，以税收负担和税制结构为转换变量在位置参数估计值 0.1091 和 1.4237 两侧对居民消费水平影响存在明显的区别。税收负担产出弹性 β_{10} 的估计值为正，税收收入增加使得政府拥有更多的财力并通过政府转移性支付达到提高低收入水平居民群体的支付能力，从而有助于缓解我国区域居民收入不平等现象，促使国民收入分配从"政府偏向型"向"居民偏向型"转变，避免了"国富民穷"现象的产生，促进了居民可支配收入的增长，从而最大限度地提升了我国整体的居民消费水平。当转换函数 $f(q_{it}; \gamma, c)$ 逐渐增大时，税收负担对我国居民消费水平的促进作用在逐渐减少，而税收负担超过 0.1091 和税制结构超过 1.4237 时，β_{11} 的估计值变为负值，说明伴随着宏观经济周期性的变化和宏观税收负担不断上升，宏观税负的增加导致社会公众"税收痛苦指数"，再加上我国间接税比重过大、直接税比重过小的不合理税制结构，导致税收负担对我国居民消费水平具有负向的抑制作用。由 $e_{it} = \partial Y_{it} / \partial X_{it} = \beta_0 + \beta_1 f(q_{it}; \gamma, c)$ 可知，$\beta_{10} + \beta_{11} > 0$，表明总体上"全能型政府"利用税收政策的"自动稳定器功能"，加强"税收指数化"管理工作和全面推行结构性减税，充分发挥了税收政策提高居民消费能力、保障居民消费预期、培育居民消费热点和优化居民消费环境的积极作用。

表 6.2 面板平滑转换估计结果

线性与非线性部分参数估计	税收收入模型				收入分配模型			
	参数	自变量	转换变量		参数	自变量	转换变量	
			tax_burden	$tax\_structure$			$income\_gap$	$income\_theil$
线性部分参数估计	β_{10}	tax_burden	3.5752 *** (0.2362)	1.0716 *** (0.2359)	β_{10}	tax_burden	0.4733 *** (0.0623)	0.9160 * (0.4722)
	β_{20}	$tax\_structure$	0.7677 ** (0.3542)	1.5163 *** (0.1336)	β_{20}	$tax\_structure$	0.5173 * (0.2962)	0.8600 *** (0.2660)
	β_{30}	$income$	0.2750 *** (0.0378)	0.2800 *** (0.0376)	β_{30}	$income$	0.1960 *** (0.0384)	0.2630 *** (0.0358)
	β_{40}	$psychology$	−0.1440 *** (0.0473)	−0.1049 *** (0.0298)	β_{40}	$psychology$	−0.1037 ** (0.0443)	−0.1050 *** (0.0311)
	β_{50}	$liquidity\_constrain$	−0.0110 (0.0833)	−0.0150 (0.1612)	β_{50}	$liquidity\_constrain$	−0.0141 (0.0953)	−0.0101 (0.0493)
	β_{60}	$human$	−1.6563 * (0.9016)	−0.3059 *** (0.0389)	β_{60}	$human$	−0.1487 *** (0.0379)	−0.4485 *** (0.0486)
	β_{70}	$population\_structure$	−1.0921 ** (0.4718)	−3.3302 *** (0.1669)	β_{70}	$population\_structure$	−1.1079 * (0.5069)	−1.1550 ** (0.2137)
	β_{80}	$house\_price$	0.1825 *** (0.0352)	0.9446 *** (0.0648)	β_{80}	$house\_price$	0.8034 *** (0.2721)	0.6870 *** (0.0331)
非线性部分参数估计	β_{11}	tax_burden	−1.3435 *** (0.2630)	−0.6325 *** (0.1014)	β_{11}	tax_burden	−0.2280 ** (0.1978)	−0.3806 * (0.1978)
	β_{21}	$tax\_structure$	−0.8548 ** (0.3776)	−0.2058 * (0.1199)	β_{21}	$tax\_structure$	−2.1206 ** (1.0809)	−1.1221 *** (0.1636)
	β_{31}	$income$	−0.0580 *** (0.0180)	−0.0590 *** (0.0190)	β_{31}	$income$	−0.0480 ** (0.0200)	−0.0560 *** (0.0200)
	β_{41}	$psychology$	0.0260 *** (0.0070)	0.0280 *** (0.0060)	β_{41}	$psychology$	0.0290 *** (0.0060)	0.0270 *** (0.0060)
	β_{51}	$liquidity\_constrain$	−0.0009 (0.8000)	−0.0110 (0.7330)	β_{51}	$liquidity\_constrain$	−0.0100 (0.8500)	−0.0080 (0.7550)
	B_{61}	$human$	2.2344 ** (0.9178)	0.3349 *** (0.0389)	B_{61}	$human$	0.3005 * (0.1796)	0.6970 * (0.3774)
	β_{71}	$population\_structure$	1.2348 ** (0.4802)	3.1241 *** (0.5343)	β_{71}	$population\_structure$	1.6108 ** (0.6831)	5.8137 *** (1.4294)
	β_{81}	$house\_price$	−0.8305 *** (0.3483)	−8.7313 *** (0.0742)	β_{81}	$house\_price$	−2.5485 * (1.4583)	−0.4356 *** (0.1172)
		位置参数 c	0.1091	1.4237		位置参数 c	4967.639	0.1238
		gama	9.7386	8.1672		gama	2.2270	3.3563

注：括号内为标准差；***、**、*分别表示在 1%、5% 和 10% 水平下显著。

以收入差距绝对值和相对值为转换变量，在位置参数估计值 4967. 639 元（1998 年价格）和 0. 1238 两侧对居民消费水平的影响也存在明显区别。β_{10} 和 β_{20} 的估计值为正，税收负担产出弹性和税制结构产出弹性分别为 0. 4733 和 0. 9160，说明在收入差距绝对值和相对值低于位置参数 4967. 639 元和 0. 1238 时，税收负担和税制结构对居民消费水平产生了正面效应，这说明，随着市场化体制改革措施的逐次推进，通过税收政策"制度诱发型"效率增进与收入差别的反馈效应，政策效果出现了消费领域的"示范效应"和"棘轮效应"，从而有效扩张我国居民"短视消费需求"，导致收入差距在扩大居民消费路径上呈现出"阶梯型"特征，此时税收负担和税制结构对居民消费水平具有正向的挤入效应。随着转换函数 $f(q_{it};\ \gamma,\ c)$ 逐渐增大，税收负担和税制结构对居民消费水平的促进作用逐渐减少，而收入差距绝对值和相对值超过 4967. 639 元和 0. 1238 时，β_{11} 和 β_{21} 的估计值变为负值，说明随着中国经济高速发展和收入水平的提高，"两个不同步"和"两个偏低"的"结构性收入分配不公"严重阻碍了我国居民消费需求增长的进程，"非李嘉图式"中国居民消费特征、"富人低消费和穷人无钱消费"的双重错位现象、市场化进程中的"制度缺陷"促使"两极分化因素"加剧，进而使得税收政策对居民消费水平产生了负面影响。$\beta_{10}+\beta_{11}>0$，说明税收负担对居民消费水平整体上呈现出正向的引导作用，并且这种引导作用很大程度上取决于居民收入差距效应。我国政府在制定提升居民消费结构和消费水平的税收政策时，从优化中国城乡居民消费结构的"组合牌"着手，通过城乡居民消费的"涓滴效应"，不仅可以增加居民消费总量，还可以避免收入差距的"代际累积效应"，既可较公平地在各阶层分配收入，提高整体居民消费水平，又可以更有针对性地扩大居民消费水平和优化城乡居民消费结构。$\beta_{20}+\beta_{21}<0$，说明以间接税为主的税制结构对居民消费水平整体上呈现出负向的倒逼作用。目前我国居民消费率与"钱纳里标准"相差甚远，以间接税为主的税制结构不能实现财富分配公平的均等化，

对生产环节和流通环节征收的间接税被生产者和销售者向下游转移，税负最终还是由消费者承担，这种税制结构显然并没有发挥应有的社会财富均等分配的功能，相反，还可能加剧社会财富的两极分化。此外，间接税的转嫁性使中低收入群体成为主要的负税人，且会推高物价从而抑制居民消费，同时间接税在公平分配方面的累退性抑制了居民的消费倾向，不利于促进我国居民消费水平的提高，对扩大居民消费水平具有负面影响。

面板平滑转换估计不难发现我国税收政策与居民消费水平之间所蕴涵的非线性效应。图6.2和图6.3逻辑斯蒂平滑转换函数曲线则同样证明对财政支出在最优值两侧对产业结构转型升级影响的非对称性，

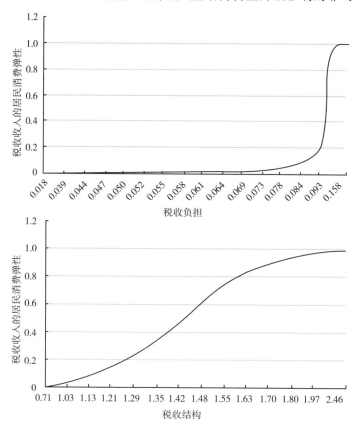

图6.2　税收政策与居民消费水平的逻辑斯蒂平滑转换函数曲线

以转换函数是否大于 0.5 为界将我国财政支出划分为两种状态，可以发现大多数样本点位于中间过渡状态。本书进一步统计了 1999～2012 年中国除港澳台地区以外的 31 个省份中达到转换函数位置参数值所占的比例。低阈值内政府税收负担和税制结构对中国省域居民消费水平产生了正面影响；高阈值内由于中国经济进入了中高水平发展阶段，因此在此阈值内政府税收负担和税制结构阻碍了中国省域居民消费水平。

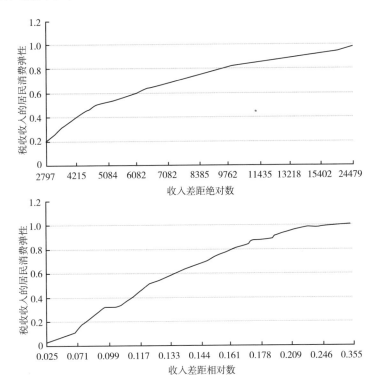

图 6.3 收入差距与居民消费水平的逻辑斯蒂平滑转换函数曲线

6.3.3 结论与政策建议

本书利用我国除港澳台地区以外的 31 个省区市 1999～2012 年数据，运用面板平滑转移回归模型从收入差距角度就税收政策对居民消费水平进行实证分析，研究结果表明税收政策对我国居民消费水平具有非线性影响效应，并且税收政策在第三方外部因素（城乡居民收入差距）的最优值两侧对居民消费水平的影响均具有不对称性。得出以下结论：宏观税负最优规模为10.91%，税收收入最优结构为1.4237。当收入差距绝对值和相对值较小时，税收负担和税制结构促进我国居民消费水平；随着收入差距绝对值和相对值的增加，税收负担和税制结构对居民消费水平表现出向挤出效应扭转态势，税收负担总效应表现为挤入效应，但以间接税为主的税制结构总效应表现为挤出效应。因此，应当辩证看待税收政策对居民消费水平的影响，即税收政策对居民消费水平既不会产生绝对的正向影响，也不会产生绝对的负向影响。促进我国居民消费水平的关键点在于税收政策的合理制定与实施。

第一，控制税收增速，合理调整宏观税负。经济发展中过高的宏观税负并不意味着对政府更有价值，反而会直接伤害税源，引起居民和企业生产的积极性下降，并导致企业与居民可支配收入偏低，最终导致经济衰退的"拉弗曲线"形态。因此，政府需要降低宏观税负水平，使得宏观税负维持在一个稳定态势。此外，鉴于目前城镇居民服务型消费模式和农村居民的消费水平偏低的我国居民消费新模式，税收政策应在提高引导城乡居民转变消费模式和农民收入水平方面发挥调节作用。同时由于"勒纳效应"在我国居民中处于主导地位，国债增加可能预期未来税负的提高，从而导致减少即期居民消费能力和消费水平。因此，应积极发挥税收政策在影响居民收入、消费支出、支配财产等消费环节的调节作用，对住房、准公共物品等热点消费或服务方面进行重点考虑并有所作为。

第二，优化税制结构，调整直接税与间接税的比例。考虑到我国经济处于转型阶段，以间接税为主的税制结构不能实现税收政策调节收入再分配的功能，从而不利于税收政策发挥调动居民消费的作用，原因可能在于对生产环节和流通环节征收的间接税被生产者和销售者向下游转移，税负最终还是由消费者承担，使得税制结构调整在提高居民消费方面的作用有限。"十二五"规划纲要中指出，正确处理直接税与间接税的比例关系，建立合理的税制结构是发挥税收扩大内需作用的重要制度基础。在我国现阶段普遍存在"对生产者保护过度，对消费者保护不足；对资本要素收入保护过度，对劳动要素收入保护不足"的情况下，应积极促进间接税为主的税制结构向直接税为主体的税制结构转变，降低我国间接税比重并且在直接税中增加个人所得税和财产税的比重，从而减轻中低收入者的纳税负担，缩小不同阶层居民收入分配差距，从而达到提升居民消费能力和消费意愿，有利于优化我国的税制结构和发挥税收政策在居民收入分配中的"调节作用"，保证财富在居民中的分配公平，从而避免收入分配不公的"代际累积效应"，做到减轻居民负担和降低社会公众的"税收痛苦指数"。

第三，实证回归结果表明，随着收入差距绝对值和相对值扩大，税收政策对居民消费水平的挤入效应逐渐减弱，这说明税收政策是否能够促进居民消费水平，不仅取决于税收收入规模和税制结构，而且还受到第三方外部因素居民收入差距的影响。因此，政府需要重视税收政策之间的协调性、联动性与互动性，尽量减少收入差距和税制结构带来的负面影响，强化税收政策的正面效应。个人所得税是调节收入差距的主要税种，要着重制定合理的征收方式和税率标准，逐步完善以综合和分类的混合所得税制为核心和财产税为辅的税收调控体系改革。同时，现阶段提高居民消费水平可从"两个不同步"和"两个偏低"入手，税收政策的支撑层面应"以收入分配制度改革为根本保证、以城乡统筹制度为重要引擎、以社会保障制度为坚实后盾、以财政制度为协助动力、以社会信用制度为基本前提"的综合配套改革；破解制约消费的体制与机制障碍，从而保持居民消费购买力可持续增长，构建出符合我国提高居民消费增长能力的长效机制。

6.4 财政支出政策影响居民消费的第三方效应

6.4.1 模型设定与数据说明

6.4.1.1 财政支出政策调整居民消费水平的机理分析

为达到促进居民消费的发展和推动经济持续增长的目的，政府通常会通过财政支出手段来促进内需目标的实现。财政支出主要通过政府采购、财政补贴、财政直接投资、财政贴息作用于居民消费变动。改革开放以来，政府投资对居民消费发展的参与程度不断扩大，弥补了市场主体的不足。财政支出体现着国家居民消费政策调整的导向，对居民消费发展起着积极的促进作用。但同时应看到，在市场经济背景下，充当"守夜人"角色的政府对于居民消费过度干预会导致"以邻为壑"的地方保护主义、官员"晋升锦标赛"等负面效应，致使地区居民消费趋同性，从而对地区居民消费发展带来不利影响。也就是说，政府财政支出对地区居民消费水平可能同时存在正向和负向的双重影响。为了反映在我国经济转型进程中财税政策对居民消费水平的影响，利用我国除港澳台地区以外的 31 个省区市 1999～2012 年中国政府财政支出与居民消费水平数据绘制出散点图（见图 6.4），不难发现，政府财政支出对居民消费水平的影响效应呈现出倒 U 形的曲线特征。从理论分析可知，政府财政支出与居民消费水平二者之间呈现明显的非线性关系，为了得到可靠的结论，下文将通过面板门槛回归模型进行实证考察。

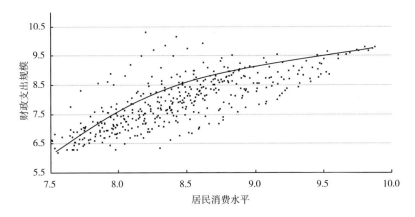

图 6.4 1999~2012 年中国政府财政支出与居民消费水平的散点图

6.4.1.2 模型设定

税收收入和财政支出的非对称性使地方政府面临巨大的财力缺口，从而很大程度影响了居民消费水平。财政支出与居民消费水平之间存在非线性关系，即政府财政支出对居民消费水平存在"门槛效应"。财政政策可以通过政府财政支出影响居民消费水平，但其影响效果很大程度上还应取决于收入差距程度。适度的收入差距程度会提高低收入居民消费能力与消费积极性，从而增强社会整体消费水平，提高政府财政支出运行效率对居民消费的政策效果。因此，以居民收入差距作为门槛变量，通过建立面板门槛回归模型来实证考察政府财政支出随着收入差距程度的大小对居民消费水平的影响效应。因此，为了证实这种第三方作用的影响效应，借鉴汉森（Hansen，1999）的思路，将居民收入差距门槛值作为未知变量构建政府财政支出影响居民消费水平的分段函数。

采用面板门槛回归模型进行实证研究，其实质是捕捉某一变量可能发生跳跃的临界点。即通过选择某一观测值作为门槛变量，按照最优门槛值将回归模型区分为两个或两个以上的区间，各个区间由不同的回归方程表示，继而比较各个方程回归系数的异同（储德银和赵飞，2013）。面板门槛回归模型的思路是以"残差平方和最小化"为原则确定门槛值，同时检验门槛值的显著性，为了寻找门槛最优估计值 $\hat{\gamma}$，要使残差平方和最小，即 $\hat{\gamma} = argminS_n(\gamma)$。随后进行门槛检验，通常构造 F 统计量 $F = (S_0 - S_1(\hat{\tau})/\hat{\tau}^2)$，从而保证门槛值的可靠性。$F$ 检验的原假设是不存在门槛效应，相应 LM 统计量不服从标准正态分布，采用自抽样法（bootstrap）获得其渐进分布并构建对应的概率 P 值。如果 P 值小于既定显著性水平，则拒绝原假设，表示模型至少存在一个门槛值。然后检验是否存在第二个门槛值，以此类推，直至所得到的门槛值不再显著为止。当确定存在"门槛效应"时，需要进一步求出门槛估计值的置信区间，原假设是 $H_0: \tau = \hat{\tau}$，备择假设为 $H_1: \tau \neq \hat{\tau}$，对应的似然比函数为：$LR(\tau) = [S_1(\tau) - S_1(\hat{\tau}^2)]/\hat{\tau}^2$，根据门槛检验确定研究模型存在两个门槛数，鉴于实证研究主要是分析收入差距这一门槛变量在政府财政支出与居民消费水平中的作用，本书设定以下形式的面板门槛回归模型：

$$consume_{it} = \partial_0 + \alpha_1 X_{it}(thr \leq \gamma_1) + \alpha_2 X_{it}(\gamma_1 < thr \leq \gamma_2) +$$
$$\alpha_3 X_{it}(thr > \gamma_2) + \lambda Z_{it} + \mu_i + \varepsilon_{it} \qquad (6.11)$$

$$consume_{it} = \partial_0 + \beta_1 Y_{it}(thr \leq q_1) + \beta_2 Y_{it}(q_1 < thr \leq q_2) +$$
$$\beta_3 Y_{it}(thr > q_2) + \lambda Z_{it} + \mu_i + \varepsilon_{it} \qquad (6.12)$$

其中，下标 i 代表地区，t 代表时间；thr 为门槛变量，即收入差距程度；γ 是收入差距绝对数（$income\_gap_{it}$）和收入差距相对数（$income\_theil_{it}$）估计的门槛值，q 是收入差距相对数（$income\_theil_{it}$）估计的门槛值；μ_i 为非观测异质性，控制所忽略的其他层面因素的影响；ε_{it} 为随机扰动项。被解释变量 $consume_{it}$ 为居民消费水平；解释变量 X_{it} 为政府规模，Y_{it} 为财政支出结构，Z_{it} 为外生控制变量，包括收入水平、居民消费心理、流动性约束、人力资本水平、人口结构、房价和城市化水平。

6.4.2　计量结果与分析

面板门槛回归要求相关变量（特别是门槛变量）必须是平稳的，从而避免伪回归问题。本书采用 LLC 检验、Fisher-ADF 检验及 Fisher-PP 检验三种方法对各变量进行单位根检验，三种检验结果显著性均小于 0.05，可以认为所有回归变量均为平稳变量。表 6.3 报告了以政府规模（$fiscal\_size_{it}$）和财政支出结构（$fiscal\_struture_{it}$）、收入差距绝对数（$income\_gap_{it}$）和收入差距相对数（$income\_theil_{it}$）为门槛变量的显著性检验、门槛估计值及其 95% 置信水平的置信区间。从门槛效果的自抽样检验结果来看，单重门槛效应在 1% 的显著性水平下都是显著的，双重门槛效应在 5% 的显著水平下均显著，而三重门槛效应则在 10% 的显著性水平下不显著，因而采用双重门槛面板模型进行计量分析。

表 6.3　　　　　　　　门槛变量的显著性检验和置信区间

参数估计因素	门槛类	门槛数	F 值	10%	5%	1%	门槛值	95% 置信区间
政府规模（*fiscal_size*）	收入差距绝对数（*income_gap*）	单一	17.235 ***	3.238	4.899	8.041	10323	(9743，15081)
		双重	4.845 **	2.904	4.021	6.045	7912	(6357，8029)
		三重	4.818	2.769	4.606	9.863		
	财政支出结构（*fiscal_structure*）	单一	3.973 ***	2.867	3.697	5.486	0.779	(0.656，1.534)
		双重	3.176 **	2.554	3.443	5.446	0.609	(0.593，0.609)
		三重	2.909	3.453	5.091	9.732		

参数估计因素	门槛类	门槛数	F 值	10%	5%	1%	门槛值	95%置信区间
财政支出结构（fiscal_ structure）	收入差距相对数（income_theil）	单一	10.319***	2.970	4.899	8.041	0.172	(0.168, 0.196)
		双重	6.969**	2.498	4.021	6.045	0.127	(0.121, 0.137)
		三重	4.532	2.941	3.538	8.011		
	政府规模（fiscal_ size）	单一	23.007***	2.421	3.595	7.831	0.258	(0.256, 0.274)
		双重	11.619**	1.321	1.467	6.246	0.146	(0.132, 0.169)
		三重	8.495	3.107	4.411	7.205		

注：表中的 F 值及相关临界值、95% 的置信区间均为采用"自举法"反复抽样 300 次得到的结果；*、**、***分别表示在 10%、5% 和 1% 水平上显著。

在门槛效应显著性检验的基础上，运用面板门槛估计法实证检验收入差距绝对数（$income\_gap_{it}$）和财政支出结构（$fiscal\_struture_{it}$）视角下地方政府支出规模对居民消费水平的非线性影响，相关参数的估计结果如表6.4所示。从收入差距绝对数（$income\_gap_{it}$）门槛估计结果看，以城乡收入差距绝对数（$income\_gap_{it}$）为门槛变量的两个门槛值分别为7912元和10323元（1998年价格）。当城乡收入差距绝对值低于门槛值7912元时，系数估计值通过显著性10%检验（−0.125），说明此门槛阈值下政府财政支出对居民消费水平负向作用。不难发现收入差距地区往往经济发展水平较低，这意味着较低的收入预期、收入水平并且较高的失业率，使得人力资本面临着极强的流动性约束，同时伴随着经济改革带来的不确定性、日益激烈的生存竞争等因素给居民带来的消费压力，收入分配机制中微观分配机制存在系统性"缺陷"，再分配机制"逆向调节"问题较为突出，而且低经济发展水平的消费人群缺少相对的消费环境，地方政府对于市场环境建设和公共服务供给的投入相对滞后，缺乏刺激居民消费的激励机制，这也就暗示着政府财政支出的经济效益具有地区歧视性效果，政府财政支出增长因收入分配制度的不完善而难以有效促进当地居民消费水平的有效增长。当城乡收入差距绝对值介于第一门槛值7912元和第二门槛值10323元之间时，我国政府财政支出对居民消费水平的挤出效应表现出向挤入效应扭转的态势，系数估计值转变为正的0.727且通过了1%的显著性检验。政府财政支出一直是推动经济增长的主要力量，当经济发展水平处于较高层次时，地方政府支出和人均收入增加的同向"拉力"可以促进居民消费水平的提高。当城乡收入差距绝对值跨越门槛值10323元时，地方政府财政支出对居民消费的边际影响系数通过5%的显著性检验且有所降低（0.495），说明随着居民收入差距增加，对于经济发展水平较发达地区而言，地方政府的财力相对充裕，但由于"管理型政府"导致中央与地方在财权和事权的划分上存在一定问题，客观上造成了地方政府重视"越位"管理当地的经济发展而"缺位"于居民基本生活领域，致使政府财政支出总量对此阈值居民消费水平的挤入效果有所减弱。

表6.4　　　　　政府规模（*fiscal_size*）门槛参数估计结果

门槛估计变量：收入差距绝对数 （*income_gap*）				门槛估计变量：财政支出结构 （*fiscal_structure*）			
变量	估计系数	*t-ols*	*t-white*	变量	估计值	*t-ols*	*t-white*
income	0.402	17.758 ***	17.153 ***	*income*	0.422	17.875 ***	13.930 ***
psychology	−0.095	−3.351 ***	−3.948 ***	*psychology*	−0.103	−3.507 ***	−4.117 ***
liquidity_constrain	−0.005	−0.927	−0.858	*liquidity_constrain*	−0.005	−0.960	−0.872
human	0.085	1.896 *	2.526 **	*human*	0.074	1.808 *	−2.378 **
population_struture	−0.667	−4.348 ***	−3.952 ***	*population_struture*	−0.707	−4.491 ***	−4.017 ***
house_price	0.180	5.617 ***	4.621 ***	*house_price*	0.187	5.743 ***	4.696 ***
urban	0.456	3.769 ***	2.106 **	*urban*	0.439	3.603 ***	1.926 *
fiscal_size ×I （*thr*≤7912）	−0.125	−1.922 *	−1.947 *	*fiscal_size ×I* （*thr*≤0.609）	0.558	3.221 ***	3.987 ***

续表

门槛估计变量：收入差距绝对数（income_gap）				门槛估计变量：财政支出结构（fiscal_structure）			
变量	估计系数	t-ols	t-white	变量	估计值	t-ols	t-white
$fiscal\_size \times I$ $(7912 < thr \leqslant 10323)$	0.727	3.555***	4.376***	$fiscal\_size \times I$ $(0.609 < thr \leqslant 0.779)$	0.487	2.796***	3.213***
$fiscal\_size \times I$ $(thr > 10323)$	0.495	2.266**	2.366**	$fiscal\_size \times I$ $(thr > 0.779)$	0.386	2.197**	2.641**

注：t-ols、t-white 分别表示同方差、异方差下的 t 值。***、**、* 表示 t 检验值在 1%、5%、10% 水平显著。

从财政支出结构变量（$fiscal\_struture_{it}$）视角下地方政府支出规模对居民消费水平的门槛估计结果看，以财政支出结构为门槛变量的两个门槛值分别为 0.609 和 0.779。若政府财政支出结构未达到第一门槛值 0.609，财政支出规模能够促进居民消费水平的提高，系数估计值为 0.558，通过显著性 1% 检验。当政府财政支出结构介于第一门槛值 0.609 和第二门槛值 0.779 之间时，以财政支出规模对居民消费水平的边际影响系数通过 1% 的显著性检验且有所降低（0.495）。而当政府财政支出结构越过第二门槛值 0.779 时，政府财政支出规模对居民消费水平的贡献度更加减弱，系数估计值为 0.386，通过显著性 5% 检验。

本书进一步运用面板门槛估计法实证检验收入差距相对数（$income\_theil_{it}$）和政府规模变量（$fiscal\_size_{it}$）视角下财政支出结构（$fiscal\_struture_{it}$）对居民消费水平的非线性影响，相关参数的估计结果如表 6.5 所示。从收入差距相对数门槛估计结果看，当城乡收入差距相对数低于门槛 0.127 时，系数估计值为 -0.048 且通过了 10% 的显著性检验。当城乡收入差距相对数介于第一门槛值 0.127 和第二门槛值 0.172 之间时，我国政府财政支出结构对居民消费水平的挤出效应表现出向挤入效应扭转的态势，系数估计值转变为正的 0.008 且通过了 5% 的显著性检验。当城乡收入差距相对数跨越门槛值 0.172 时，政府财政支出结构对居民消费水平的边际影响系数又转向挤出效应，

系数估计值转变为 −0.045 且通过了 10% 的显著性检验。

表6.5 　财政支出结构（*fiscal_structure*）门槛参数估计结果

门槛估计变量：收入差距相对数 (*income_theil*)				门槛估计变量：政府规模（*fiscal_size*）			
变量	估计系数	*t-ols*	*t-white*	变量	估计系数	*t-ols*	*t-white*
income	0.426	18.677 ***	18.071 ***	*income*	0.408	18.310 ***	18.417 ***
psychology	−0.049	−2.906 ***	−2.651 ***	*psychology*	−0.029	−1.797 *	−1.776 *
liquidity_constrain	−0.004	−0.825	−0.798	*liquidity_constrain*	−0.005	−0.999	−0.958
human	0.051	1.674 *	1.745 *	*human*	0.033	1.843 *	1.947 *
population_struture	−0.659	−4.243 ***	−3.774 ***	*population_struture*	−0.705	−4.599 ***	−4.087 ***
house_price	0.182	5.590 ***	4.431 ***	*house_price*	0.156	4.883 ***	4.071 ***
urban	0.425	3.505 ***	3.846 ***	*urban*	0.386	3.231 ***	2.772 ***
fiscal_structure × *I* (*thr* ≤ 0.127)	−0.048	−1.828 *	−1.826 *	*fiscal_structure* × *I* (*thr* ≤ 0.146)	−0.117	−4.420 ***	−4.602 ***
fiscal_structure × *I* (0.127 < *thr* ≤ 0.172)	0.008	2.249 **	2.288 **	*fiscal_structure* × *I* (0.146 < *thr* ≤ 0.258)	0.041	1.844 *	2.208 **
fiscal_structure × *I* (*thr* > 0.172)	−0.045	−1.807 *	−1.800 *	*fiscal_structure* × *I* (*thr* > 0.258)	0.023	0.926	1.197

注：*t-ols*、*t-white* 分别表示同方差、异方差下的 t 值。***、**、* 表示 t 检验值在 1%、5%、10% 水平显著。

从政府规模变量的财政支出结构对居民消费水平的门槛估计结果看，以政府规模变量为门槛变量的两个门槛值分别为 0.609 和 0.779。若政府财政支出规模未达到第一门槛值 0.146，以投资性支出的财政支出结构能够促进居民消费水平的提高，系数估计值为 −0.117 且通过了 1% 的显著性检验。一直以来，我国公共财政存在"缺位"和"越位"的问题，政府以经济增长的速度考核业绩，这使得地方政府加快了基础设施建设。在政府财力有限的情况下，快速增长的投资性支出以及不断膨胀的消费性支出大大挤占了用于民生性支出的资金，导致民生性支出相对不足的问题显得十分突出，无法满足经济转型期民生方面对地方政府财政支出的需求，导致了以投资性支出的财政支出结构对居民消费水平具有"反向倒逼效应"。当政府规模介于第一门槛值 0.146 和第二门槛值 0.258 之间，政府财政支出结构对居民消费水平的挤出效应表现出向挤入效应扭转的态势，政府财政支出结构的调整会提高居民消费水平，系数估计值为 0.041 且通过了 10% 的显著性检验。地方政府"为增长而展开相互竞争"，以"GDP 数据锦标赛"为主的政府官员考核制度使得政府更倾向于将财政资源投资于能获得短期经济效益的经济增长见效快的领域，从而对居民经济收入增长及消费水平提高具有较强的促进作用。而当政府规模越过第二门槛值 0.258 时，系数估计为 0.023 且没有通过 10% 的显著性检验。我国的政府消费性支出是维持国家政府部门正常运转的必要条件，政府行政机构规模与经济发展不匹配，政府消费性支出的增长并没有完全投入公用经费中，地方政府无法提供应有的政府服务性支出，再加上近年来我国市场化进程中出现的"制度缺陷"产生"寻租腐败"现象致使中国居民收入差距"非正常扩大"态势更为明显，这些因素"合力"降低了以投资性支出为主的政府财政支出结构对居民消费水平的刺激作用，使得政府财政支出结构对地区居民消费水平的挤入效应不明显。

面板门槛效应估计不难发现我国政府规模和财政支出结构与居民消费水平之间所蕴涵的非线性效应。图 6.5 和图 6.6 逻辑斯蒂平滑转换函数曲线则同样证明，政府规模和财政支出结构对居民消费水平的影响是不对称的，以转换函数是否大于 0.5 为界将我国政府规模和财政支出结构划分为两种状态，可以发现大多数样本点位于中间过渡状态。本书进一步统计样本期内 31 个样本省份中达到最优门槛估计参数值所占的比例（见表 6.6）。研究期内，处于最优门槛估计参数值 $7912 < income\_gap \leqslant 10323$ 阈值内的省份，政府通过财政支出的经济溢出效应促进了自身的居民消费水平；处于最优门槛估计参数值 $0.127 < income\_theil \leqslant 0.172$ 阈值内的省份由于经济进入了中高水平发展阶段，政府财政支出结构对这些省域居民消费水平产生了正面影响。

此外，收入差距绝对值较高和相对值最低的省份大多来自发达的东部沿海地区，统计结果表明财政支出政策与居民消费水平在地域空间分布上基本保持一致，财政支出政策对居民消费水平的影响效应存在明显的"门槛效应"非线性特征。

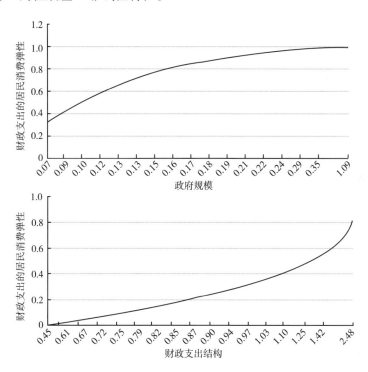

图 6.5　财政支出与居民消费水平的逻辑斯蒂平滑转换函数曲线

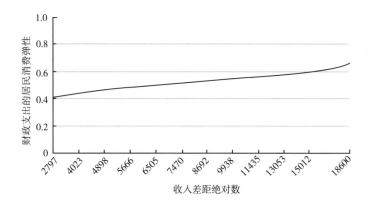

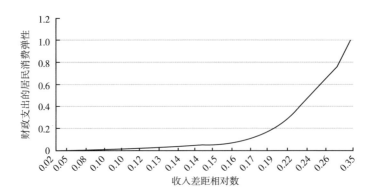

图 6.6　收入差距与居民消费水平的逻辑斯蒂平滑转换函数曲线

表 6.6　　　　收入差距分组变量下样本省份数据地区分布

划分（1999～2012 年）

变量值	省份
以门槛变量收入差距绝对数（income_gap）为分组变量	
income_theil ≤ 7912	黑龙江、吉林、江西、河北、河南、海南、甘肃、新疆
7912 < income_theil ≤ 10323	湖北、青海、贵州、山西、四川、宁夏、辽宁、安徽、湖南、内蒙古、陕西、西藏、广西、重庆、云南
income_theil > 10323	山东、江苏、天津、福建、浙江、广东、北京、上海
以门槛变量收入差距相对数（income_theil）为分组变量	
income_theil ≤ 0.127	上海、北京、天津、江苏、黑龙江、浙江、辽宁、吉林、河北、江西、福建
0.127 < income_theil ≤ 0.172	广东、湖北、海南、山东、内蒙古、河南、湖南、山西、安徽、四川
income_theil > 0.172	宁夏、新疆、重庆、广西、青海、陕西、甘肃、贵州、云南、西藏

6.4.3　结论与政策建议

本节利用我国除港澳台地区以外的 31 个省区市 1999～2012 年省级面板数据，运用面板门槛回归模型从收入差距角度就政府财政支出政策对居民消费水平进行实证分析，研究结果表明财政支出政策对我国居民消费水平具有非线性影响效应，并得出以下结论：对于财政支出规模促进居民消费水平的收入差距绝对数最优区间为 7912～10323 元，最优政府支出结构区间小于 60.9%；对于财政支出规模促进居民消费水平的收入差距相对数最优区间为 0.127～0.172，财政支出最优结构区间为 14.6%～25.8%。因此，应当辩证看待政府财政支出政策对居民消费水平的影响，即财政支出政策对居民消费水平既不会产生绝对的正向影响，也不会产生绝对的负向影响。促进我国居民消费水平的关键点在于财政支出政策的合理制定与实施。

第一，我国政府财政支出对当地居民消费水平存在显著的门槛效应。因此，不同政府财政支出水平对居民消费的影响效应更多地取决于当地自身的经济发展水平和城乡居民收入差距水平。从居民消费水平对政府财政支出的反应情况来看，当前政府财政支出在各经济发展水平层的居民作用具有一定的歧视性。因此，地方政府在保证社会发展的稳定性和制定宏观调控政策上，要以提高经济落后省份充分利用市场而获得发展机会为主要方向，进一步释放当地居民消费潜力和提高居民消费意愿，使得政府财政支出能够有效引致居民消费的长效发展。

第二，加大政府财政支出力度以及优化政府财政支出结构。目前我国政府财政支出结构不尽合理，表现为投资性支出和消费性支出比例过高，而民生性支出占比过低。当前中国正处于经济全面转型的关键时期，"经济建设型政府"充当着经济投资主体的角色，短期内地方政府投资性支出可以促进地方经济增长，从而对居民消费水平产生挤入效应，但是从长期来看这种挤入效应是不可持续的，这就需要地方政府不断减少投资性经济建设支出和消费性公共服务支出，依靠财政支出的乘数效应促进居民消费水平的提高。

第三，由于目前地方政府对于民生方面的投入资金不足，导致民生性支出对居民消费的挤入效果较小。以经济性指标为主的对地方政府官员考核标准不足以改变居民消费预期，因而地方政府应进一步增加民生公共事业投入力度，建立综合性的考评机制来引导地方政府有效财政公共资源配置，让地方政府投资能够强化和提升其自身公共产品和公共服务的能力，真正解决居民在消费时所面临的后顾之忧，从而逐步改变经济增长方式从依靠外需向依靠刺激国内消费和内需升级的转变。

第四，经济快速发展的政策效用促使贫富差距日益加大，而后危机时期"结构性收入分配不公"将直接影响到劳动者福利水平、调结构的成败和内需的变化。另外，低收入阶层的居民消费会随着收入的提高而较大幅度提高，因此缩小居民收入差距会增加居民消费。由此，政府应注重收入差距的宏观层面为"调整国民收入分配结构→提高消费率→缓解投资与消费结构失衡"，收入差距的微观层面为"缩小居民收入差距→提升总体消费倾向→促进消费需求增长"。加速推进"控高""扩中""提低"的收入分配改革布局，在中国城乡居民消费结构被优化和改善之后，中国城乡居民的收入和消费水平会进一步提升，随着收入分配改革的全方位深入，谋求缩小收入分配差距，形成收入分配格局"橄榄型"态势，这对调整国民收入分配格局、降低中国城乡收入差距、拉动经济增长和居民消费水平都是十分有利的。

6.5 本章小结

政府应通过财税政策作用于收入分配制度设计中，将收入分配总量与结构调整作为扩大居民消费的长期改革工程。目前我国居民收入差距不断扩大，城乡之间和区域间居民收入都呈现不断扩大的态势。实证研究表明，居民收入差距过大势必抑制居民消费的增加，但居民收入差距过小同样也不利用促进居民消费。因此，从扩大居民消费的角度出发，本章找出城乡居民收入存在的最优收入差距区间，并且在不同年份和不同地区是动态变化的。然而，对于居民收入差距的测量，还需要从不同收入阶层间居民收入差距、城镇居民内部收入差距和农村居民内部收入差距分别对居民消费影响效应进行分析，从而估计出不同收入阶层间居民收入差距、城镇居民内部收入差距和农村居民内部收入差距存在的最优收入差距，这些都将成为有待进一步研究的问题。

第7章 促进我国居民消费的财税政策改革路径设计

财税政策是政府实现资源配置、宏观调控和收入分配职能的主要政策工具，政府通过调整税收政策、财政支出政策和收入分配政策的运用，解决经济社会中的居民消费不足问题。本章在理论分析和实证研究的基础上，分析实现我国居民消费发展的财税政策作用方向与重点。

7.1 实现我国居民消费发展的财税政策

政府主要依赖于税收收入来弥补财政支出所使用的各种融资。政府财政支出的增加会引起未来税负规模的扩大，这必将挤占社会系统中的居民消费资源。政府为稳定经济增长而采取紧缩性的税收政策和扩张性的财政支出，从中长期来看，需要实施税收政策和财政支出政策的"组合拳"，既要采取结构性减税等相关配套政策，又要积极发挥财政支出的挤入效应，从而促使政策效应在扩大内需上的有效性。政府要重视政策之间的互动性与协调性，强化政府减少税收规模的挤出效应和财政支出的挤入效应。

7.1.1 实现结构性减税与居民消费相协调

目前我国生产导向型税制结构与扩大内需方针相背离，在一定程度抑制了政府扩大内需的积极性。现行税制对收入分配差距的逆向调节和社会保障税的缺失不利于稳定居民的消费预期。此外，商品税、所得税和财产税对居民消费的作用机理存在明显差异。因此，对不同税种实行有增有减的结构性减税政策，最终为实现税制结构与扩大居民消费相协调的长远目标创造有利条件。

第一，改革所得税的税收调节制度，提高所得税占税收收入的比重，实现所得税和商品税并重的双主体税制结构。由分类所得税实现分类与综合相结合的征收模式，提高费用扣除标准、扩大级距与减少税率档次，降低中低收入者的个税税负，稳定居民消费预期，让居民真正做到敢于消费与放心消费。所得税的调整以及增长幅度需要考虑地区经济水平的差异、物价因素、收入负担能力等因素，并应具有内在的动态调整功能。

第二，应尽快改革与完善财产税制度，构建一个遗产税和赠与税等在内的税收调节体系。将房地产纳入征税范围，将资金分流到消费领域以达到刺激消费的目的。从居民消费支出、收入流量和收入存量各方面调节高收入阶层的收入，多渠道缓解和缩小贫富差距的矛盾，从而有效刺激区域居民消费水平。

7.1.2　优化财政支出结构与扩大居民消费水平

随着我国经济增长方式的转变和社会转型的步伐，政府基本职能强调的是公共服务领域的职责。因此，因根据政府职能转型和满足社会公共需要的要求，加大政府财政支出力度以及优化政府财政支出结构。目前我国地方政府支出结构不尽合理，表现在投资性支出和消费性支出比例过高，而民生性支出占比过低。政府制定拉动内需的财政支出政策时，应综合对财政支出规模或总量上的控制，优化财政支出结构和提高财政支出资金效率，主要涉及以下四个方面。

第一，调整政府投资性支出方向。当前中国正处于经济全面转型的关键时期，"经济建设型政府"充当着经济投资主体的角色，短期内政府投资性支出可以促进地方经济增长，从而对居民消费产生挤入效应，但是从长期来看这种挤入效应是不可持续的，政府片面追求经济增长，忽视居民消费的偏好，过多的投资性支出势必要挤占居民消费资源，而又不能提供与居民消费成互补关系的公共物品。一方面，政府投资性支出引导社会经济发展向基础设施投资，以改善居民消费环境从而促进居民消费；另一方面，政府投资性支出应该退出竞争性领域，放大投资性支出的外部性，从而依靠财政支出的乘数效应促进居民消费水平的提高。

第二，提高民生性支出比重。由于我国财政支出对居民消费的影响效应具有一定的区域"歧视性"特征，"一视同仁"的公共物品和服务要求政府通过民生性支出加强对落后地区的财政投入机制，进而提高居民收入和促进居民消费（刘尚希，2010）。由于目前地方政府对于民生方面的投入资金不足，导致民生性支出对居民消费的挤入效果较小。因此，当前财政支出政策应以民生为导向，改善不同收入阶层居民消费之间的差距，使众多的低收入群体能获得基本生存条件和基本消费能力，从而实现居民消费环境的公平，提高居民消费意愿和促进居民消费。

第三，控制政府消费性支出规模。政府需要审时度势安排消费性支出，严格控制消费性支出规模的大小与政府实际运行需要相匹配，尽量弱化消费性支出对居民消费的挤出效应。建立综合性的考评机制来引导地方政府有效财政公共资源配置，让地方政府提升其自身公共产品和公共服务的能力，真正解决居民在消费时所面临的后顾之忧，从而逐步改变经济增长方式从依靠外需向依靠刺激国内消费和内需升级的转变。

第四，提高财政支出效率。公共行政激励错位现象导致地方政府相互竞争经济增长而非公共服务，成为地方财政"重基本建设、轻人力资本和公共服务"的体制根源，导致地方政府在公共福利领域投入不足，从而弱化财政支出带动居民消费的效率作用。因此，政府需要改革现有的绩效考评机制，根据"效率优先，兼顾公平"政策原则，完善公共治理机制（包含公共支出的决策、融资、生产、监督与问责的全过程），加强对社会保障、教育、卫生、农业、环保等财政专项资金使用情况的监督，使财政支出效率得到实质性的提高。

7.1.3 加快收入分配体制改革与促进居民消费升级

凯恩斯边际消费倾向递减规律认为，政府应利用财税政策在不同收入群体之间实行"劫富济贫"式的再分配政策以扩大居民消费。因此，在利用财税政策对收入分配结构进行调整时，需要对收入分配实行总量和结构调节，注重初次分配的公平和再分配调节作用，以缩小居民收入差距。

首先，收入分配体制改革要有利于调动劳动者创造财富的积极性，同时兼顾社会各个方面的利益关系和社会承受力。应从居民内部和地区差异的实际情况出发，着力从体制和政策上调整居民消费结构，启动不同收入层次居民的消费需求，制定增加居民收入和消费的激励政策，拓宽就业渠道、提高就业率，增强中低收入居民的消费能力，通过合理的收入差距形成稳定居民消费预期和提高居民边际消费倾向（苑小丰和范辉，2010）。

其次，在初次分配领域中增加工资收入。健全工资正常增长机制，逐步提高最低工资标准，不断提高职工工资收入。同时，由于低收入阶层具有较高的边际消费倾向，而高收入阶层具有较低的边际消费倾向，财政支出能够带动低收入阶层的收入增加，从而达到拉动内需的作用。确立财税政策的重点投向，实现公共物品与服务均等化，运用财政资金的错位配置来熨平收入分配差距，从而拉动内需增长。

最后，在再分配领域中应缩小居民内部收入差距和城乡居民地区收入差距。一是尽快统一城乡税制，建立覆盖城乡居民的个人所得税制度。但要考虑不同地理位置、不发达地区与发达地区之间的差异，通过税种和税率设计，加大税收对不同地区和不同收入群体的调控力度，有效缩小居民收入的地区差距、城乡差距和内部差距。二是通过社会保障支出、财政补贴和税收优惠等有效手段，加强农业产品、农业机械和农业生产的补贴，加大政府民生领域资金投入（金淑彬，2009）。加大政府文教科卫和住房等民生性支出，提高失业、养老和最低生活保障等补贴标准，稳定城镇居民消费预期，逐步提高中低收入阶层的收入水平。三是调整收入分配结构，提高劳动者报酬在初次分配中的比重，以缩小中西部地区的城乡居民收入差距为再分配调节的重点。

7.1.4 配套保障政策与加快居民消费信贷的发展

加快金融体系的改革，以制度创新为契机，以普通信贷带动居民消费信贷，转变居民消费观念。居民消费信贷的良性发展取决于居民收入水平的快速增加，而提高居民收入水平的根本途径是发展经济。为此，我国金融机构应进行制度创新，具体可以通过给居民发放普通信贷，引入竞争机制，为消费信贷的发展创造一个良好的外部环境，调整产业结构，形成专业化分工和协作，促使收入水平的提高转到依靠采用新技术上来。

7.2 扩大居民消费的财税政策作用方向与重点

居民消费的持续增加与结构升级不仅是国民经济持续、快速、健康发展的基础性条件，也是经济增长和社会和谐稳定的内生动力。财税政策作为政府重要的宏观调控手段，其在扩大居民消费方面起到无可替代的作用。面对全球经济危机背景下的外需锐减和内需不足，发挥财税政策作用拉动内需，特别是释放居民消费需求的巨大潜力，不仅是我国近期确保经济平稳较快发展的根本举措，也是实现国民经济长期又好又快发展的必然选择。因此，政府财税政策应转向以扩大居民消费为重点，以实现内需与外需并重、投资与消费协调增长为目标。

7.2.1 构建居民消费区域协调发展的财税政策

我国区域间的自然资源不同决定着区域经济发展的不平衡性，从而也就决定着地区财税政策差异所引起的居民消费差距。我国税收政策与财政支出政策对居民消费的影响表现出显著区域差异特征，因此财税政策的制定和实施，需要考虑不同区域间存在的差异和城乡居民不同消费取向，强化区域间居民消费的"马太效应"。因此，政府在制定财税支持政策时，需要考虑完善政府转移支付机制，熨平财政收支区域的不平衡性。一方面，政府要增加对中西部落后地区财政投资项目的扶持和税收返还，以带动当地经济增长和增加居民收入；另一方面，要加大对中西部落后地区教育、医疗、社会保障等民生领域倾斜，提高中西部地区公共服务水平和扩大社会保障覆盖范围，缩小城乡居民消费差距，从而提高居民消费水平。

7.2.2 提高居民收入水平和增加就业

现阶段运用财税政策扩大居民消费应按照"多予、少取、放开、搞活"的方针，快速提高居民收入，以增强居民消费能力及通过形成合理的收入和消费差距提高居民消费倾向作为政策制定的出发点。以基本公共服务均等化为目标，加强公共产品市场体制建设引导消费的政策措施，通过稳定居民消费预期以释放其消费潜力为目标启动居民消费。

就业是居民获得收入的主要途径，增加就业和提高居民就业率，使居民处于相对稳定的就业环境，提高中低收入者的可支配收入水平，是提高居民整体消费水平的根本举措。政府应充分运用财税政策促进和增加居民就业，扩大促进就业税收优惠政策的范围和增强政策的宏观引导力；发展第三产业，增加就业机会；充分利用政府公共投资和扶持中小企业，带动居民就业（马海涛和向飞丹晴，2009）。建立资金"回流"机制，纠正市场机制在资源配置中的偏差，实行差异化的税收策略。

7.2.3 完善社会保障制度与提高居民消费倾向

社会保障是指国家为了弥补市场的失灵和缺陷，通过国民收入的再分配，体现社会公平和维持社会稳定，维持居民消费者的基本生活权利予以保障，而且对以扩大内需为导向的国家宏观调控也具有积极作用。由此可见，社会保障体系的完善与标准的提高，可以塑造良好的消费氛围，间接地增加居民可支配收入，消除居民对社会不确定性因素的预期。建立以养老、医疗、失业三大保险为基本项目，以工伤保险、生育保险、社会救济和社会福利为辅助项目的具有相互衔接关系的社会保障制度体系。在制度变迁过程中，要稳定居民的消费行为和有效地扩大内需，从而减少人们对制度变迁所导致的不确定性预期。

社会保障为社会成员建立"安全网"，可在一定程度上消除居民未来收入预期的不确定性，增强其对消费需求的弹性，从而最大限度地释放他们的消费潜力。政府社会保障存在"减震器"的功能，其对居民消费的影响正是这种自动稳定器功能的体现。社保基金会对居民消费具有扩张效应。由于我国社会保障制度并未全面覆盖农村居民，且统筹层次与保障水平都有待提高，因此，政府需要建立能够覆盖整个农村居民的"高水平、广覆盖"的社会保障体系（王军，2010）。

7.2.4 发展现代服务业和促进居民消费多元化

政府财政对服务业的投入不足，难以满足行业快速发展对资金的巨大需求，导致公共服务业发展的专项资金投向不合理、重点不突出和缺乏统筹安排协调。另外，现行税收制度也不利于现代服务业的发展：对现代服务业的税收减免优惠政策形式单一；部分现代服务业税负偏重制约服务性行业发展；现代服务业税收优惠政策力度偏小，范围过窄。鉴于发展现代服务业不仅有利于促进经济发展和增长方式转型，还可以拉动居民消费并成为新时期居民消费的潜在增长点，因此，各级政府财政要建立扶持现代服务业发展的资金稳定增长机制，调整现行税收优惠政策，加大对现代服务业的优惠力度与优惠范围。

为了鼓励和刺激居民消费需求，政策的作用重点是创新消费内容，树立新的消费观念，培养新的消费热点与拓展消费空间。伴随着我国居民的收入水平和生活水平有明显提升，在满足居民基本物质生存需求之后，居民消费需求呈现出新的变化和趋势：居民消费多元化，逐渐从实物性消费向服务性消费转变；居民消费空间不断拓展，逐渐从传统消费向新兴领域转变；居民消费档次不断提升，逐渐从生存性消费转向更加注重消费的内涵和生活质量的提高。伴随居民人均收入水平的快速提升，居民消费已经告别价格作为其消费决策唯一标准的时代。政府应通过积极鼓励和引导，使教育、文化、健康、通信、旅游、保健、休闲等成为新的消费热点，加快产品更新换代和广告宣传，通过生产出高质量和高品位的产品来有针对性地满足居民的高消费需求，释放我国居民消费潜力。

7.2.5 改善我国居民消费环境

消费市场与消费环境是影响居民消费欲望的重要因素。政府需要通过消除信息不对称、服务质量不高等非经济制约因素使居民放心消费，消费市场的培育和消费环境的改善以及消费保障制度的建设对居民消费会起到促进作用。此外，还需要通过文化渗透和消费观念引导等辅助手段提高居民自发消费水平。

第 8 章　结　　论

8.1　本书研究结论

目前，我国高投资、低消费的结构性矛盾成为制约我国经济可持续发展的主要问题，我国经济开始步入以调整带动发展的"三期叠加"新阶段，扩大以居民消费为主体的内需成为适应我国经济发展新常态的现实选择。面对当前我国宏观经济中国内控制通货膨胀的压力日益剧增、产能过剩与物价上涨迅猛等多重问题交织的复杂性，政府新一轮实施的积极财政政策是就此淡出抑或是继续扩张需要格外慎重考虑，全面评价我国财政政策对居民消费拉动的政策效应，并进一步对我国财政政策促进居民消费取向进行展望，从而为后危机时代政府宏观调控决策提供全新思路和理论依据。本书研究依照"文献梳理—机理分析—现状考察—模型构建—实证分析—政策建议"的分析脉络开展，就我国财税政策对居民消费的影响进行文献梳理，就财税政策对居民消费影响进行理论机制和现状分析。以我国 1999～2012 年的省级面板数据，系统全面考察因时间因素、空间因素和第三方因素（城乡居民收入差距）存在差异时，税收负担和税制结构、财政支出规模和财政支出结构对居民消费水平的影响效应进行多维度分析，从而验证我国财税政策对居民消费水平具有效应的非对称性、空间溢出效应和非线性效应的作用特征，从而明确实现我国居民消费发展的财税政策作用方向与重点。得到如下主要结论：

（1）本书首先对我国 1999～2012 年财政政策非凯恩斯效应潜在时期进行划分，用动态效应面板数据模型 GMM 估计方法考察财政政策对居民消费水平的影响效应，研究结果表明税收收入在财政平稳时期对居民消费产生了显著的抑制效应；税收收入的凯恩斯效应在财政扩张时期得到进一步强化；税收收入在财政紧缩时期对居民消费的影响有所改善，产生了显著的促进作用，但税收收入总效应系数小于零，即税收收入在财政紧缩时期表现为非凯恩斯效应。财政支出在财政平稳时期对居民消费产生了显著的抑制效应，即财政支出在财政平稳时期表现为非凯恩斯效应；财政支出在财政扩张时期对居民消费的非凯恩斯效应得到进一步强化；财政支出在财政紧缩时期对居民消费同样存在显著的非凯恩斯效应。动态效应面板计量模型 GMM 估计研究发现，我国财税政策对居民消费水平在财政扩张与财政紧缩时期存在非凯恩斯效应和效应的非对称性。

（2）本书运用核密度函数及马尔可夫链分析方法考察中国省域居民消费水平的集聚格局和时空跃迁。核密度估计结果显示，中国省域居民消费水平之间的差距有所缩小，高低居民消费俱乐部之间的差距趋于平缓。通过马尔可夫链转移概率矩阵，反映了中国省域居民消费水平分布内部各地区相对位置的长期动态演进趋向中呈现出俱乐部趋同现象，居民消费水平分布内部各地区相对位置的稳定性较强，居民消费实现跨越式发展的可能性并不存在。采用空间杜宾计量研究发现，税收负担和政府财政支出规模对我国区域居民消费水平具有正向的传导作用，同时存在着负的空间外溢性特征；以间接税为主的税制结构和以投资性支出和消费性支出为主的财政支出结构则抑制了我国区域居民消费水平，同时存在着负的空间外溢性特征。

（3）面板门槛计量模型研究发现，以城乡收入差距门槛值作为外生变量构建的财政政策影响居民消费水平的分段函数中，对于税收负担和财政支出规模促进居民消费水平的城乡收入差距绝对数最优区间分别为 4015～7016 元和 7912～10323 元，对于税收结构和财政支出结构促进居民消费水平的城乡收入差距相对数最优区间分别为 0.126～0.171 和 0.127～0.172。因此，应当辩证看待政府财政政策对居民消费水平的影响，即财政政策对居民消费水平既不会产生绝对的正面影响，也不会产生绝对的负向影响，其影响结果更多地取决于当地自身所处的财政时期效应区制、区域空间位置和外部因素的影响。促进我国居民消费水平的关键点在于财税政策的合理制定与实施。

8.2　尚待进一步探讨的问题

本书虽然从理论机制分析、现状考察和实证估计就"财税政策促进中国居民消费的影响效应"进行了探索性研究，取得一定的研究成果，但是，也存在诸多不足和有待进一步探讨的问题。

（1）从因子分解看，居民消费率等于居民可支配收入占 GDP 的比重与居民平均消费倾向的乘积，为了全面有效衡量居民消费变量，研究还需要从居民消费率（居民可支配收入占 GDP 的比重）以及居民消费倾向等居民消费问题进行展开研究。

（2）对于居民收入差距的测量，还需要从不同收入阶层间居民收入差距、城镇居民内部收入差距和农村居民内部收入差距分别对居民消费影响效应进行分析，从而估计出不同收入阶层间居民收入差距、城镇居民内部收入差距和农村居民内部收入差距存在的最优收入差距。

（3）基于新凯恩斯理论和新古典经济学理论框架，运用 CGE 和 DSGE 模型的政策数值模拟分析财税政策对居民消费的影响机理，依次引入宏观税负、税制结构、商品税、所得税和财产税等税收政策，以及政府规模、财政支出结构、投资性支出、民生性支出和消费性支出等财政支出政策，以揭示财税政策对居民消费的政策冲击效应。

参考文献

［1］卞志村，杨源源. 结构性财政调控与新常态下财政工具选择 [J]. 经济研究，2016（3）：66－80.

［2］蔡伟贤，蔚建国，郭连珠. 政府公共支出对居民消费需求的影响研究 [J]. 财政研究，2011（6）：26－29.

［3］蔡秀玲，邓春宁. 不确定性预期与城镇居民消费需求的空间面板分析 [J]. 云南财经大学学报，2011（1）：71－76.

［4］蔡跃洲. 转型社会中财政对收入分配的影响——基于我国不同发展阶段的理论实证 [J]. 财经研究，2008（11）：4－15.

［5］藏旭恒，张继海. 收入分配对中国城镇居民消费需求影响的实证分析 [J]. 经济理论与经济管理，2005（6）：5－10.

［6］陈冲. 政府公共支出对居民消费需求影响的动态演化 [J]. 统计研究，2011（5）：13－20.

［7］陈创练. 政府财政收支对居民消费的挤出挤入效应 [J]. 山西财经大学学报，2010（6）：7－14.

［8］陈凯，席晶. 中国经济转型期地方政府财政支出对城镇居民消费的影响 [J]. 经济经纬，2012（6）：122－126.

［9］陈乐一. 收入分配与消费不足 [J]. 经济问题探索，2005（4）：26－27.

［10］程永宏. 总消费需求与收入分配的关系 [J]. 上海经济研究，1999（7）：16－20.

［11］储德银，崔莉莉. 中国财政政策产出效应的非对称性研究 [J]. 财贸经济，2014（12）：27－39.

［12］储德银，黄文正. 财政政策的非凯恩斯效应 [J]. 经济学

动态，2010（10）：97 – 101.

［13］储德银，经庭如. 我国城乡居民消费影响因素的比较分析 [J]. 中国软科学，2010（4）：99 – 105.

［14］储德银，童大龙. 中国财政政策对居民消费需求的非对称效应 [J]. 公共管理学报，2012（1）：70 – 79.

［15］储德银，闫伟，蒋辉雨. 政府支出、收入分配与城乡居民消费的经验分析 [J]. 社会科学辑刊，2009（5）：87 – 91.

［16］储德银，闫伟. 财政政策对农村居民消费产生了非线性效应吗？[J]. 经济管理，2011（10）：167 – 173.

［17］储德银，闫伟. 财政政策与居民消费需求：非线性效应与效应的非对称性 [J]. 公共管理学报，2011（1）：52 – 60.

［18］储德银，闫伟. 财政支出的民生化进程与城乡居民消费 [J]. 山西财经大学学报，2010（1）：10 – 16.

［19］储德银，闫伟. 地方政府支出与农村居民消费需求：基于 1998—2007 年省级面板数据的经验分析 [J]. 财经研究，2009（8）：38 – 44.

［20］储德银，闫伟. 税收政策与居民消费需求 [J]. 经济理论与经济管理，2012（3）：53 – 63.

［21］储德银，赵飞. 财政分权、政府转移支付与农村贫困——基于预算内外和收支双重维度的门槛效应分析 [J]. 财经研究，2013（9）：4 – 18.

［22］楚尔鸣，鲁旭. 基于动态面板的地方政府支出对居民消费的基础效应分析 [J]. 湘潭大学学报，2007（11）：67 – 72.

［23］戴园晨. "投资乘数失灵"带来的困惑与思索 [J]. 经济研究，1999（8）：35 – 39.

［24］邓大松，柳光强. 扩大消费需求的财税政策应着力解决三大问题 [J]. 税务研究，2013（5）：10 – 14.

［25］邓红亮，陈乐一. 劳动生产率冲击、工资粘性与中国实际经

济周期 [J]. 中国工业经济, 2019 (1): 23 - 42.

[26] 董小麟, 陈娟娟. 利用税收政策释放居民消费潜力的思考 [J]. 经济纵横, 2014 (7): 28 - 31.

[27] 樊轶侠. 税收制度影响居民消费需求的效应 [J]. 税务研究, 2011 (2): 14 - 18.

[28] 范宝学. 扩大居民消费需求的财税政策取向 [J]. 经济问题, 2009 (8): 101 - 103.

[29] 范金, 任会, 坂本博. 地方政府投资性支出结构对城乡居民消费影响的差异性比较 [J]. 系统工程, 2011 (1): 98 - 104.

[30] 范小丰, 范辉. 城乡收入差距对消费需求影响研究 [J]. 财经问题研究, 2010 (6): 15 - 20.

[31] 方福前. 中国居民消费需求不足的原因 [J]. 中国社会科学, 2009 (2): 101 - 115.

[32] 方红生, 郭林. 中国财政政策对居民消费的非线性效应: 理论和实证 [J]. 经济问题, 2010 (9): 10 - 14.

[33] 方红生, 张军. 中国财政政策非线性稳定效应: 理论和证据 [J]. 管理世界, 2010 (2): 10 - 24.

[34] 官永彬, 张应良. 转轨时期政府支出与居民消费关系的实证研究 [J]. 数量经济技术经济研究, 2008 (11): 15 - 25.

[35] 郭杰. 乘数效应、挤出效应与财政支出结构调整 [J]. 经济理论与经济管理, 2004 (4): 29 - 33.

[36] 郭庆旺, 贾俊雪. 稳健财政政策的非凯恩斯效应及其可持续性 [J]. 中国社会科学, 2006 (5): 58 - 67.

[37] 贺京同, 那艺. 调整政府支出结构 提升居民消费意愿 [J]. 南开学报 (哲学社会科学版), 2009 (2): 94 - 101.

[38] 洪源, 肖海翔. 政府民生消费性支出对居民消费的影响——基于中国居民消费行为的视角 [J]. 财贸研究, 2009 (4): 69 - 76.

[39] 洪源. 政府民生消费性支出与居民消费理论诠释与中国的

实证分析 [J]. 财贸经济, 2009 (10): 51-56.

[40] 胡日东, 王卓. 收入分配差距、消费需求与转移支付的实证研究 [J]. 数量经济技术经济研究, 2002 (4): 29.

[41] 胡蓉, 劳川奇, 徐荣华. 政府支出对居民消费具有挤出效应吗 [J]. 宏观经济研究, 2011 (2): 36-41.

[42] 胡书东. 中国财政支出和民间消费需求之间的关系 [J]. 中国社会科学, 2002 (6): 26-32.

[43] 胡瑶. 我国城乡收入差距对农村居民消费需求的制约 [J]. 江西财经大学学报, 2009 (4): 33-35.

[44] 胡永刚, 郭新强. 内生增长、政府生产性支出与中国居民消费 [J]. 经济研究, 2012 (9): 57-71.

[45] 黄乾, 魏下海. 中国劳动收入比重下降的宏观经济效应 [J]. 财贸经济, 2010 (4): 121-127.

[46] 黄赜琳. 中国经济周期特征与财政政策效应 [J]. 经济研究, 2005 (6): 27-39.

[47] 纪江明. 中国民生性财政支出对城乡居民消费差距影响的实证研究 [J]. 经济与管理研究, 2012 (10): 13-23.

[48] 贾康. 合理促进消费的财税政策与机制创新 [J]. 税务研究, 2010 (1): 32-35.

[49] 姜洋, 邓翔. 替代还是互补? 中国政府消费与居民消费关系实证分析 [J]. 财贸研究, 2009 (3): 1-7.

[50] 金三林. 优化政府支出扩大居民消费 [J]. 税务研究, 2009 (12): 3-9.

[51] 金淑彬. 居民消费的持续增长, 有待于社会保障体系的进一步完善 [J]. 税务与经济, 2009 (5): 16-19.

[52] 李春琦, 唐哲一. 财政支出结构变动对私人消费影响的动态分析: 生命周期视角下政府支出结构需要调整的经验证据 [J]. 财经研究, 2010 (6): 90-101.

[53] 李大明, 廖强. 进一步扩大内需的税收政策研究 [J]. 中南财经政法大学学报, 2004 (1): 15 - 18.

[54] 李广众. 政府支出与居民消费: 替代还是互补 [J]. 世界经济, 2005 (5): 38 - 45.

[55] 李建强. 我国财政支出结构与居民消费异质性动态关系 [J]. 山西财经大学学报, 2012 (1): 9 - 21.

[56] 李建强. 政府民生支出对居民消费需求的动态影响 [J]. 财经研究, 2010 (6): 102 - 111.

[57] 李军. 收入差距对消费需求影响的定量分析 [J]. 数量经济与技术, 2003 (9): 5 - 11.

[58] 李俊霖. 宏观税负、财政支出与经济增长 [J]. 经济科学, 2007 (4): 5 - 14.

[59] 李俊英. 刺激居民消费求增长税收政策研究 [J]. 经济论坛, 2010 (2): 13 - 17.

[60] 李普亮, 贾卫丽. 税收负担挤出了居民消费吗 [J]. 经济学家, 2013 (6): 94 - 104.

[61] 李树培, 白战伟. 改革开放三十年政府支出与居民消费关系的动态演变 [J]. 财经科学, 2009 (9): 49 - 57.

[62] 李文. 税收负担对城镇居民消费的影响 [J]. 税务研究, 2011 (2): 34 - 39.

[63] 李香菊, 周丽珠. 扩大我国居民消费的税收政策研究 [J]. 财贸经济, 2013 (2): 18 - 27.

[64] 李晓嘉, 钟颖. 地方政府支出对居民消费需求的影响研究 [J]. 上海经济研究, 2013 (8): 24 - 31.

[65] 李晓嘉. 民生支出对城乡居民消费的影响及解释 [J]. 上海经济研究, 2012 (5): 68 - 74.

[66] 李永友, 丛树海. 居民消费与中国财政政策的有效性 [J]. 世界经济, 2006 (5): 54 - 64.

[67] 李永友. 财政政策的凯恩斯效应与非凯恩斯效应 [J]. 上海财经大学学报, 2008 (2): 63-70.

[68] 李友志. 新政府收支分类应用指南 [M]. 长沙: 湖南人民出版社, 2006.

[69] 林江鹏, 刘旺霞, 黄永明. 我国城乡居民收入与消费支出关系的实证研究——兼论影响农民收入及其差距的因素 [J]. 经济问题探索, 2007 (4): 116.

[70] 林文芳. 区域性偏好与城乡居民消费差异 [J]. 统计研究, 2009 (11): 87-92.

[71] 刘建民, 毛军, 王蓓. 税收政策影响居民消费水平的区域效应研究 [J]. 财经理论与实践, 2015 (2): 95-99.

[72] 刘金全. 财政政策作用的阶段性和非对称性检验 [J]. 财经科学, 2003 (1): 57-60.

[73] 刘侃. 财政支出对居民消费支出的影响研究 [J]. 云南财经大学学报, 2012 (6): 66-69.

[74] 刘灵芝, 马小辉. 农村居民收入分配结构对总消费的影响分析 [J]. 中国农村经, 2010 (11): 26-31.

[75] 刘琦, 黄天华. 财政支出与城乡居民消费支出差距的关系研究——基于全国省级地区面板数据的经验分析 [J]. 上海财经大学学报, 2011 (8): 90-97.

[76] 刘沁清. 财政民生投入和城乡居民消费 [J]. 上海经济研究, 2012 (6): 67-75.

[77] 刘尚希. 消费公平、起点公平与社会公平 [J]. 税务研究, 2010 (3): 14-17.

[78] 刘文斌. 收入差距对消费需求的制约 [J]. 经济学动态, 2000 (9): 65.

[79] 刘小川, 汪利锬. 居民消费与最优政府支出: 理论与动态估计 [J]. 财贸经济, 2014 (7): 22-36.

［80］娄峰，李雪松．中国城镇居民消费需求的动态实证分析
［J］．中国社会科学，2009（3）：109－115．

［81］马海涛，向飞丹晴．促进就业的财税政策探讨［J］．税务
研究，2009（5）：6－10．

［82］马强．我国居民消费需求不足的成因与对策［J］．宏观经
济管理，2004（5）：55－61．

［83］马栓友．财政政策与经济增长［M］．北京：经济科学出版
社，2003．

［84］毛军，王蓓．我国地方政府支出影响居民消费：正向传导
还是反向倒逼［J］．财政研究，2015（2）：8－11．

［85］毛其淋．地方政府财政支农支出与农村居民消费——来自中
国29个省市面板数据的经验证据［J］．经济评论，2011（5）：86－97．

［86］莫亚林，张志超．改革开放以来我国财政支出对收入分配
影响的研究——基于城乡二元结构模型与面板数据的分析［J］．经济
体制改革，2011（2）：122－126．

［87］潘彬，罗新星，徐选华．政府购买与居民消费的实证研究
［J］．中国社会科学，2006（5）：68－76．

［88］庞瑞芝．财政支出影响经济增长的作用机制分析［J］．南
开经济研究，2002（3）：14－16．

［89］彭晓莲，李玉双．我国政府支出对居民消费的影响分析
［J］．统计与决策，2013（10）：135－137．

［90］申琳，马丹．政府支出与居民消费：消费倾斜渠道与资源撤
出渠道［J］．世界经济，2007（11）：73－79．

［91］申世军，马建新．我国政府消费和居民消费的地区差异研
究［J］．财经问题研究，2008（1）：102－106．

［92］沈坤荣，刘东皇．是何因素制约着中国居民消费［J］．经
济学家，2012（1）：5－14．

［93］石柱鲜，刘俊生，吴泰岳．我国政府支出对居民消费的挤

出效应分析 [J]. 学习与探索, 2005 (6): 249 - 252.

[94] 孙凤, 易丹辉. 中国城镇居民收入差距对消费结构的影响分析 [J]. 统计研究, 2000 (5): 9 - 15.

[95] 孙江明, 钟甫宁. 农村居民收入分配状况及其对消费需求的影响 [J]. 中国农村观察, 2000 (5): 91.

[96] 谭宏业, 柯学良. 基于居民消费最大化的城镇内部最优收入差距 [J]. 经济经纬, 2011 (3): 6 - 9.

[97] 谭韵. 刺激居民消费的财税政策选择 [J]. 税务研究, 2009 (1): 22 - 26.

[98] 汤跃跃, 张毓雄. 民生财政对居民消费贡献有多大 [J]. 经济学家, 2012 (9): 37 - 42.

[99] 陶传平. 我国消费市场低速的原因及对策 [J]. 山东社会科学, 2001 (5): 34 - 41.

[100] 童大龙, 储德银. 财政政策对农村居民消费的非线性效应及其实证检验 [J]. 社会科学辑刊, 2011 (5): 132 - 135.

[101] 屠俊明. 流动性约束、政府消费替代与中国居民消费波动 [J]. 经济理论与经济管理, 2012 (2): 37 - 46.

[102] 万广华, 张茵. 流动性约束、不确定性与中国居民消费 [J]. 经济研究, 2001 (11): 35 - 44.

[103] 汪伟, 艾春荣, 曹晖. 税费改革对农村居民消费的影响研究 [J]. 管理世界, 2013 (1): 89 - 100.

[104] 王春雷. 积极财政政策下扩大内需的税收政策取向 [J]. 税务研究, 2009 (1): 26 - 29.

[105] 王根贤. 促进消费与GDP同步增长的新一轮积极财政政策思考 [J]. 中央财经大学学报, 2009 (3): 6 - 9.

[106] 王宏利. 中国政府支出调控对居民消费的影响 [J]. 世界经济, 2006 (10): 30 - 38.

[107] 王军. 中国农村社会保障制度建设: 成就与展望 [J]. 财

政研究，2010（8）：2－13.

[108] 王立勇，高伟. 财政政策对私人消费非线性效应及其解释 [J]. 世界经济，2009（6）：27－36.

[109] 王立勇，李富强. 我国相机抉择财政政策效应非对称性的实证研究 [J]. 数量经济技术经济研究，2009（1）：58－66.

[110] 王宁. 消费欲的"符号刺激"与消费力的"结构抑制" [J]. 广东社会科学，2012（3）：196－208.

[111] 王少国，常健. 收入分配差距的最适度水平判定及其偏离 [J]. 学习与探索，2010（3）：136－138.

[112] 王宋涛. 中国居民消费率缘何下降？ [J]. 财经研究，2014（6）：132－144.

[113] 王文甫，王子成. 积极财政政策与净出口：挤入还是挤出？基于中国的经验与解释 [J]. 管理世界，2012（10）：31－45.

[114] 王文甫. 价格粘性、流动性约束与中国财政政策的宏观效应——动态新凯恩斯主义视角 [J]. 管理世界，2010（9）：11－25.

[115] 王晓枫，熊海芳. 财政政策与银行信贷、居民消费关系分析 [J]. 财政研究，2009（12）：18－22.

[116] 王延军. 政府支出与居民消费：替代或互补 [J]. 经济经纬，2007（1）：31－34.

[117] 王云清，朱启贵. 中国财政扩张对居民消费、投资和通货膨胀的动态效应研究 [J]. 南开经济研究，2012（6）：116－132.

[118] 魏向杰. 区域差异、民生支出与居民消费：理论与实证 [J]. 财经论丛，2012（2）：45－50.

[119] 吴栋，周鹏. 城乡二元结构下财政支出对居民消费率影响研究 [J]. 当代经济研究，2010（6）：63－67.

[120] 吴晓明，吴栋. 我国城镇居民平均消费倾向与收入分配状况关系的实证研究 [J]. 数量经济技术经济研究，2007（5）：22－32.

[121] 吴易风，钱敏泽. 影响消费需求因素的实证分析 [J]. 经

济理论与经济管理，2004（2）：13 – 16.

[122] 吴玉鸣，陈志建. 居民消费水平的空间相关性与地区收敛分析 [J]. 世界经济文汇，2009（5）：76 – 89.

[123] 吴玉霞，侯文英. 启动农村居民消费的税收政策选择 [J]. 经济经纬，2009（6）：123 – 126.

[124] 吴振球，祝正芳，谢香. 中国收入分配差距结构、经济景气波动与居民消费需求 [J]. 宏观经济研究，2010（6）：39 – 43.

[125] 武晓利，晁江锋. 财政支出结构对居民消费率影响及传导机制研究——基于三部门动态随机一般均衡模型的模拟分析 [J]. 财经研究，2014（6）：4 – 15.

[126] 武晓利. 税收政策调整对居民消费和就业的动态效应研究 [J]. 财经论丛，2014（11）：25 – 32.

[127] 武彦民，张远. 我国财税政策与居民消费的实证分析 [J]. 税务研究，2011（2）：24 – 29.

[128] 席卫群. 促进我国居民消费模式转变的税收政策选择 [J]. 当代财经，2012（9）：25 – 33.

[129] 肖立. 基于 Panel Data 模型的农村居民消费结构及变动趋势分析 [J]. 宏观经济研究，2012（9）：93 – 99.

[130] 谢建国，陈漓高. 政府支出与居民消费：一个基于跨期替代模型的中国经验分析 [J]. 当代经济科学，2002（6）：34 – 40.

[131] 谢子远，杨义群. 我国政府消费与居民消费的关系研究 [J]. 中央财经大学学报，2006（12）：54 – 57.

[132] 辛小莉. 扩大居民消费需求的税收政策选择 [J]. 税务与经济，2009（2）：97 – 99.

[133] 徐全红. 我国税收政策对居民消费影响的实证分析 [J]. 财政研究，2013（2）：44 – 46.

[134] 徐忠，张雪春，丁志杰，唐天. 公共财政与中国国民收入的高储蓄倾向 [J]. 中国社会科学，2010（6）：93 – 107.

[135] 许生. 扩大内需的财税政策研究 [J]. 税务研究, 2009 (1)：12－18.

[136] 薛鹏, 徐康宁. 中国政府消费与城乡居民消费状况比较研究：1978—2010 [J]. 上海经济研究, 2012 (6)：51－66.

[137] 闫坤, 程瑜. 新形势下促进居民消费的财政政策研究 [J]. 宏观经济研究, 2009 (5)：63－71.

[138] 闫坤. 居民消费与财政政策研究：一个理论分析框架 [J]. 财政研究, 2008 (10)：31－36.

[139] 颜青. 财政分权、地方政府投资与城镇居民消费增长 [J]. 学术论坛, 2013 (2)：114－119.

[140] 杨天宇, 柳晓霞. 满足消费最大化的最优居民收入差距研究 [J]. 经济学家, 2008 (1)：77－85.

[141] 杨天宇. 收入再分配对我国居民总消费需求的扩张效应 [J]. 经济学家, 2009 (9)：39.

[142] 杨卫华, 叶杏娟. 运用税收手段增强居民消费能力 [J]. 税务研究, 2010 (3)：37－41.

[143] 杨文芳, 方齐云. 财政收入、财政支出与居民消费率 [J]. 当代财经, 2010 (2)：43－50.

[144] 杨智峰. 地区差异、财政支出与居民消费 [J]. 经济经纬, 2008 (4)：64－67.

[145] 杨子晖, 温雪莲, 陈浪南. 政府消费与私人消费关系研究 [J]. 世界经济, 2009 (1)：68－82.

[146] 杨子晖. 政府消费与居民消费：期内替代与跨期替代 [J]. 世界经济, 2006 (8)：37－46.

[147] 易行健, 刘胜, 杨碧云. 民生性财政支出对我国居民消费率的影响 [J]. 上海经济研究, 2013 (2)：55－62.

[148] 尹希果, 孙惠. 居民消费、空间依赖性与经济增长条件收敛 [J]. 中国经济问题, 2011 (4)：47－59.

[149] 余永定，李军. 中国居民消费函数：理论与验证 [J]. 中国社会科学，2000（1）：78 – 86.

[150] 袁芳英. 政府支出对居民消费的影响：对 Barro-Ricardo 等价之谜的中国经验分析 [J]. 上海经济研究，2010（1）：12 – 18.

[151] 袁晓玲，杨万平. 政府、居民消费与中国经济增长的因果关系 [J]. 当代经济科学，2008（9）：49 – 55.

[152] 苑德宇，张静静，韩俊霞. 居民消费、财政支出与区域效应差异——基于动态面板数据模型的经验分析 [J]. 统计研究，2010（2）：45 – 53.

[153] 苑小丰，范辉. 城乡收入差距对消费需求影响研究 [J]. 财经问题研究，2010（6）：15 – 20.

[154] 岳树民. 运用财政税收政策扩大居民消费需求 [J]. 税务研究，2009（1）：18 – 22.

[155] 臧旭恒，裴春霞. 预防性储蓄、流动性约束与中国居民消费计量分析 [J]. 经济学动态，2004（12）：23 – 31.

[156] 曾国安，胡晶晶. 1990 年以来中国居民消费率变动的实证分析 [J]. 经济纵横，2006（1）：50 – 59.

[157] 曾令华. 近年来财政扩张是否有挤出效应 [J]. 经济研究，2000（3）：65 – 70.

[158] 张斌. 扩大消费需求的税收政策 [J]. 财贸经济，2012（9）：33 – 39.

[159] 张才杰. 我国收入分配差距与居民消费水平的统计检验 [J]. 统计与决策，2011（17）：119 – 121.

[160] 张东刚. 财政支出支出变动与近代中国经济增长 [J]. 社会科学辑刊，2000（5）：57 – 62.

[161] 张家林. 增大居民消费的意义、系统思路以及对策 [J]. 上海经济研究，2010（1）：12 – 18.

[162] 张军，章元. 对中国资本存量 K 的再估计 [J]. 经济研

究，2003（7）：35 – 43.

[163] 张伦俊，刘新利. 税收对居民消费的影响 [J]. 税务研究，1999（10）：20 – 27.

[164] 张明喜，高倚云. 我国财政政策非线性效应的理论探讨与检验 [J]. 财贸研究，2008（5）：56 – 63.

[165] 张淑翠. 我国财政支出对经济增长非线性效应——基于省级面板数据的平滑转移模型实证分析 [J]. 财经研究，2011（8）：135 – 144.

[166] 张五六. 经济景气区域中农村居民消费不对称特征研究 [J]. 统计与信息论坛，2012（10）：44 – 50.

[167] 张颖熙，柳欣. 刺激国内消费需求增长的财政政策效应分析 [J]. 财经科学，2007（9）：45 – 52.

[168] 张治觉，吴定玉. 我国政府支出对居民消费产生引致还是挤出效应 [J]. 数量经济技术经济研究，2007（5）：53 – 61.

[169] 赵蓓，战岐林. 税收、政府支出与消费变动的关系 [J]. 当代财经，2010（11）：35 – 41.

[170] 赵卫亚，袁军江. 中国省际消费增长差异成因探析 [J]. 统计研究，2013（8）：77 – 83.

[171] 赵卫亚. 中国城镇居民消费函数的变系数 PANEL DATA 模型 [J]. 数量经济技术经济研究，2003（11）：50 – 54.

[172] 赵元笃. 地方财政支出对农村居民消费的影响研究 [J]. 财政研究，2013（5）：66 – 69.

[173] 郑尚植. 财政支出结构扭曲与居民消费 [J]. 产经评论，2012（2）：82 – 88.

[174] 郑幼锋. 促进消费的税收政策研究 [J]. 税务与经济，2009（5）：85 – 89.

[175] 朱国林，范建勇，严燕. 中国的消费不振与收入分配：理论和数据 [J]. 经济研究，2002（5）：72 – 80.

［176］朱汉雄，冯晓莉. 我国城乡居民收入差距对消费需求影响的分析［J］. 武汉理工大学学报，2009（6）：143 – 147.

［177］朱振亚，张小青. 经济转型期城乡居民消费地区间非均衡性研究［J］. 经济问题探索，2011（4）：12 – 16.

［178］邹蓉. 税收政策促进居民消费需求的路径选择［J］. 财经问题研究，2012（2）：76 – 81.

［179］Afonso A. Non-Keynesian Effects of Fiscal Policy in the EU – 15［J］. ISEG/UTL Working Paper，2001.

［180］Ahmed and Yoo. Fiscal Trend in Real Economic Aggregates［J］. Journal of Money，Credit and Banking，1995（27）：985 – 1001.

［181］Ahmed. Temporary and Permanent Government Spending in an Open Economy：Some Evidence for the United Kingdom［J］. Journal of Monetary Economics，1986，17（2）：197 – 224.

［182］Ahmed and Miller. Crowding-Out and Crowding-In Effects of the Components of Government Expenditure［J］. Working Papers，2000.

［183］Akerlof George A，Yellen Janet L. A Near-Rational Model of the Business Cycle with Wage and Price Inertia［J］. Querterly Journal of Economics，1985（100）：823 – 838.

［184］Alesin A，Ardagna S. Tale of Fiscal Contractions［J］. Economic Policy，1998，27（1）：487 – 545.

［185］Alessandro. How Can Government Spending Affect Private Consumption? A Panel co-integration Approach［J］. European Journal of Economics，Finance and Administrative Sciences，2010，18（1）：40 – 57.

［186］Alfredo. Long-term Effects of Fiscal Policies in Portugal［J］. Journal of Economic Studies，2011（1）：114 – 127.

［187］Amano and Wirjanto. Intratemporal Substitution and Government Spending［J］. Review of Economics and Statistics，1997，79（4）：605 – 619.

[188] Arellano and Bond. Some Tests of Specification for Panel Data: Monte Calro Evidence and an Application to Employment Equations [J]. Reviews of Economic Studies, 1991 (58): 279 – 297.

[189] Aroca P, Bosch M, Maloney WF. Spatial Dimensions of Trade Liberalization and Economic Convergence: Mexico 1985 – 2002 [J]. The World Bank Economic Review. 2005, 19 (3): 345.

[190] Aschauer and Alan. Fiscal Policy and Aggregate Demand [J]. American Economic Review, 1985, 75 (1): 117 – 127.

[191] Aschauer and Greenwood. Macroeconomic Effects of Fiscal Policy [J]. Carnegie-Rochester Conference Series on Public Policy, 1985 (23): 91 – 138.

[192] Aschauer. Is Public Expenditure Productive? [J]. Journal of Monetary Economics, 1989 (23): 177 – 200.

[193] Athanasios. Historical Monetary Policy Analysis and the Taylor Rule [J]. Journal of Monetary Economics, 2003, 50 (3): 983 – 1022.

[194] Bailey. National Income and Price Level [M]. New York: McGraw-hill, 1971.

[195] Barro and SaIa-I-Martin. Public Finance in Models of Economic Growth [J]. Review of Economic Studies, 1992 (59): 645 – 661.

[196] Barro. Are Government Bonds Net Wealth [J]. Journal of Political Economics, 1974, 82 (6): 1095 – 1117.

[197] Barro. Output Effects of Government Purchases [J]. Journal of Political Economy, 1985, (84): 343 – 350.

[198] Bertola and Drazen. Trigger Points and Budget Cuts: Explaining the Effects of Fiscal Austerity [J]. American Economic Review, 1993 (1): 1170 – 1180.

[199] Blanchard. Comment on Giavazzi and Pagano [M]. NBER Macroeconomics Annual, MIT Press, 1990, 5 (2): 111 – 115.

［200］ Blanchard. Debt, Deficits and Finite Horizons ［J］. Journal of Political Economy, 1985, 93 (2): 223 –247.

［201］ Blinder. Distribution Effects and the Aggregate Consumption Function ［J］. Journal of Political Economy, 1975, 83 (3): 447 –476.

［202］ Bouakez R. Why does Private Consumption Rise After a Government Spending Shock? ［J］. Candian Journal of Economics, 2007, 40 (3): 954 –979.

［203］ Campbell and Mankiw. The Response of Consumption to Income: a Cross-section Investigation ［J］. European Economic Review, 1991, 35 (4): 723 –756.

［204］ Cashin. Government Spending, Taxes and Economic Growth ［R］. IMF Staff Papers, 1995, 42 (2): 237 –269.

［205］ Coenen S. Does Government Spending Crowd in Private Consumption? ［J］. International Finance, 2005, 8 (3): 435 –470.

［206］ Cour P, Dubois M and Pisani-Ferry J. The Costs of Fiscal Adjustment Revisited: How Strong is the Evidence ［J］. CEPII, Working Paper, 1996 (68): 7 –28.

［207］ Darby, Michael R. The Allocation of Transitory Income among Consumer' Assets ［J］. American Economic Review, 1972 (62): 928 –941.

［208］ Devarajan, Swaroop and Zou. The Composition of Public Expenditure and Economic Growth ［J］. Journal of Monetary Economics, 1996 (37): 313 –344.

［209］ Devereus, Head and Lapham. Monopolistic Competition, Increasing Return, and Government Spending ［J］. Journal of Money Credit and Banking, 1996 (28): 233 –254.

［210］ Djajic. Government Spending and the Optimal Rates of Consumption and Capital Accumulation ［J］. Working Papers, 1987.

［211］ Easterly and Rebelo. Fiscal Policy and Economic Growth ［J］.

Journal of Monetary Economics, 1993 (32): 417 – 458.

[212] Edelberg W, Eichenbaum M and Fisher J D M. Understanding the Effects of a Shock to Government Purchases [J]. Review of Economic Dynamics, 1999, 2 (1): 166 – 206.

[213] Evans. Consumers Are Not Ricardian: Evidence from Nineteen Countries [J]. Economic Inquiry, 1993 (31): 534 – 548.

[214] Evans. Government Consumption and Growth [J]. Economic Inquiry, 1997 (2): 209 – 217.

[215] Feldstein M. Government Deficits and Aggregate Demand [J]. Journal of Monetary Economics, 1982, 9 (1): 1 – 20.

[216] Giavazzi and Pagano. Can Severe Fiscal Contractions be Expansionary? [M]. MA MIT Press, 1990: 95 – 122.

[217] Giavazzi and Tabellini. Economic and Political Liberalizations [J]. Journal of Monetary Economics, 2005, 52 (10): 1297 – 1330.

[218] Giavazzi F, Pagano M. Non-Keynesian Effects of Fiscal Policy Changes: International Evidence and the Swedish Experience [J]. Swedish Economic Policy Review, 1996, 3 (1): 67 – 112.

[219] Gobbin N, Van Aarle B. Fiscal Adjustments and Their Effects during the Transition to the EMU [J]. Public Choice, 2001, 109 (1): 269 – 299.

[220] Gobbin N, Van AARLE B. Fiscal Adjustments and Their Effects during the Transition to the EMU [J]. Public Choice, 2001, 109 (1): 269 – 299.

[221] Grier and Tullock. An Empirical Analysis of Cross-national Economic Growth [J]. Journal of Monetary Economics, 1989 (24): 259 – 276.

[222] HALL. Stochastic Implications of the Life-cycle Permanent Income Hypothesis: Theory and Evidence [J]. Journal of Political Economy, 1978 (86): 971 – 987.

[223] Hansen B. E. Threshold Effects in Non-dynamic Panels: Estimation, Testing and Inference [J]. Journal of Econometrics, 1999, 93 (4): 345 – 368.

[224] Hemming R, Mahfouzand S, Schimmelpfenning A. Fiscal Policy and Economic Activity during Recessions in Advanced Economics [J]. IMF Working Paper, 2002: 373 – 386.

[225] Ho T W. Consumption and Government Spending Substitutability Revisited: Evidence from Taiwan [J]. Journal of Political Economy, 2001a, Vol. 48, No. 5.

[226] Ho Tsung-Wu. Co-integration, Government Spending and Private Consumption: Evidence from Japan [J]. The Japanese Economic Review, 2004, 55 (2): 162 – 174.

[227] Ho Tsung-Wu. The Government Spending and Private Consumption: A Panel Integration Analysis [J]. International Review of Economics and Finance, 2001 (10): 95 – 108.

[228] Ihori. Government Spending and Private Consumption [J]. The Canadian Journal of Economics, 1990, 23 (1): 60 – 69.

[229] Jonsson. Fiscal Policy Regimes and Household Consumption [J]. Journal of Public Policy, 2007, 27 (3): 183 – 214.

[230] Kaplanoglou. Household Consumption Patterns, Individual Tax Structures and Implications for Individual Tax Harmonization: A Three Country Perspective [J]. The Economic and Social Review, 2004 (35).

[231] Karras. Government Spending and Private Consumption [J]. Journal of Money, Credit and Banking, 1994, 26 (1): 9 – 22.

[232] Keen, Sajallahiri, Pascalis. Tax Principles and Tax Harmonization under Imperfect Competition: Cautionary Example [J]. European Economic Review, 2002 (46): 8.

[233] Keynes J M. The General Theory of Employment Interest and

Money [M]. New York: Harcourt Brace, 1936.

[234] Khan and Reinhart. Private Investment and Economic Growth in Developing Countries [J]. World Development, 1990 (1): 19 – 27.

[235] Kormendi. Government Debt, Government Spending and Private Sector Behavior [J]. American Economic Review, 1983, 73 (5): 994 – 1010.

[236] Laubach T C, Williams J C. Measuring the Natural Rate of Interest [J]. Review of Economics and Statistics, 2001, 85 (4): 1 – 26.

[237] Laudau. Government and Economic Growth in the Less Developed Countries: an Empirical Study for 1960 – 1980 [J]. Economic Development and Cultural Change, 1986 (35): 34 – 75.

[238] Levine and Renelt. A Sensitive Analysis of Cross-country Growth Regressions [J]. American Economic Review, 1992 (82): 912 – 963.

[239] Lin. Government Spending and Economic Growth [J]. Applied Economics, 1994 (26): 3 – 42.

[240] Linnemann S. Can Fiscal Spending Stimulate Private Consumption? [J]. Economics Letters, 2004, 82 (2): 173 – 179.

[241] Lucas R E, Jr. Econometric Policy Evaluation: A Critique [J]. Carnegie Rochester Conference Series on Public Policy, 1976 (1): 19 – 46.

[242] Lucas R E, Jr. Some International Evidence on Output-Inflation Tradeoffs [J]. American Economic Review, 1973, 3 (6): 326 – 342.

[243] Malthus T R. Principles of Political Economy: Considered with a View to Their Practical Application [M]. London: Pickering, 1836.

[244] McGrattan, Rogerson and Wright. An Equilibrium Model of the Business Cycle with Household Production and Fiscal Policy [J]. International Economic Review, 1997, 38 (2): 267 – 290.

[245] Mertens K and Ravn. Understanding the Aggregate Effects of

Anticipated and Unanticipated Tax Policy Shocks [J]. Review of Economic Dynamics, 2011, 14 (1): 27 – 54.

[246] Milton Friedman. Theory of the Consumption Function [M]. Princeton Press, 1957.

[247] Modigliani and Brumberg. Utility Analysis and the Consumption Function: An Interpretation of Cross Section Data, in Post Keynesian Economics [M]. Rutgers University Press, 1954.

[248] Parker. The Reaction of Household Consumption to Predictable Changes in Social Security Taxes [J]. American Economic Review, 1999, 89 (4): 959 – 973.

[249] Perotti. Fiscal Policy in Good Times and Bad [J]. Quarterly Journal of Economics, 1999 (114): 1399 – 1436.

[250] Pratrice M, Robert W. Structural Budget Deficit and Fiscal Stance [J]. OECD Economics and Statistics Department, 1984 (15): 1 – 87.

[251] Quah D T. Regional Convergence Clustersacross Europe [J]. European Economic Review, 1996 (40): 1951 – 1958.

[252] Ram R. Government Size and Economic Growth: A New Framework and Some Evidence from Cross-section and Time Series Data [J]. American Economic Review, 1986 (76): 191 – 203.

[253] Robert B. The General Government Structural Budget Balance [J]. Economic Review, 2004 (1): 5 – 33.

[254] Schclarek. Consumption and Keynesian Fiscal Policy [J]. Working Paper, 2004.

[255] Schclarek. Fiscal Policy and Private Consumption in Industrial and Developing Countries [J]. Journal of Macroeconomics, 2007, 29 (1): 912 – 939.

[256] Souleles. The Response of Household Consumption to Income

Tax Refunds [J]. American Economic Review, 1999, 89 (4): 947 –958.

[257] Susan Yang and Shu C. Quantifying Tax Effects Under Policy Foresight [J]. Journal of Monetary Economics, 2005, 52 (8): 1557 – 1568.

[258] Sutherland. Fiscal Crises and Aggregate Demand: Can High Public Debt Reverse the Effects of Fiscal Policy [J]. Journal of Public Economics, 1997, 65 (1): 147 – 162.

[259] Tanzi. The Growth of Government and the Reform of the State in Industrial Countries [R]. IMF Working Paper, 1996: 95 – 130.